La edición original de esta obra ha sido publicada en
Gran Bretaña en 2020 por Quadrille, sello editorial
de Hardie Grant Publishing, con el título

*Dumplings and Noodles*

Traducción del inglés
Gemma Fors



Diagonal, 402 - 08037 Barcelona
www.cincotintas.com



Primera edición: octubre de 2021

Impreso en China
Depósito legal: B 8648-2021
Códigos Thema: WBA | WBTP
Cocina general | Cocina por ingredientes:
pastas y fideos («noodles»)

ISBN 978-84-16407-94-1

PIPPA
MIDDLEHURST

# DUMPLINGS Y NOODLES

**Bao, gyoza, biang biang, jiaozi, won ton, ramen, y mucho más**

FOTOGRAFÍAS DE
INDIA HOBSON Y MAGNUS EDMONDSON

cincotintas

A mis abuelos, por empezarlo todo.
Por plantar la semilla.
Por enseñármelo todo.
Este libro es para vosotros.

# CONTENIDOS

# Introducción

El presente libro es una colección personal de mis recetas preferidas, inspiradas en la gastronomía de Taiwán, China y Japón. Se trata de platos que habitualmente cocino en casa para mi familia. Las recetas proceden de mis libretas de cocina raídas y salpicadas de salsa de soja, llenas de garabatos y anotaciones que solo entiendo yo, porque no pensé que fuera a verlas nadie más. ¡Pero aquí las tienes!

Mi pasión por la cocina asiática me viene de niña. Mi abuelo materno, católico irlandés alto como un pino, solía llevarnos a mis hermanos y a mí a uno de los pocos restaurantes donde se podían degustar platos de tapeo dim sum en Mánchester en aquella época. Le recuerdo pidiendo la comida de los carritos humeantes, y todavía siento la curiosidad y emoción que me invadió a los seis años cuando nos dejaron las cestas de bambú en la mesa.

Más adelante, resultó una alegría descubrir que existía un gran supermercado de venta de alimentos asiáticos al por mayor bajo el restaurante. Las hileras infinitas de ingredientes me maravillaban y aquella sensación alucinante sigue viva en mí. Todavía voy al mismo supermercado asiático, que continúa siendo uno de mis lugares favoritos. Ya me conozco los pasillos, y encontraría los productos con los ojos cerrados.

Alrededor de los doce años de edad, encontré una receta en una revista para preparar un sencillo sofrito oriental. En lugar de usar salsa envasada, me dispuse a cocinar la receta. No estaba tan buena como los platos dim sum, pero enseguida me transportó a las comidas chinas con mi abuelo. Me recordó los sabores que me encantaban: ¿era posible recrearlos en casa? Ya preparaba platos básicos que mi abuela me había enseñado -arroz con leche, pollo asado-, pero la determinación de aprender cocina asiática empezó en aquel momento.

Con la práctica, la búsqueda y el aprendizaje, poco a poco me fui familiarizando con cada uno de los ingredientes de los estantes de mi supermercado asiático, y mi fascinación por la gastronomía china se amplió a la japonesa, taiwanesa, coreana, tailandesa, vietnamita y malasia. Incluso ahora, si doy con ingredientes desconocidos, soy incapaz de ignorarlos. Busco los mejores alimentos para mis recetas: buen vino de arroz de Shaoxing taiwanés; soja japonesa envejecida; pasta doubanjiang china de importación.

Al crecer mis conocimientos, también creció mi arsenal de ingredientes y el montón de libretas con apuntes. Finalmente, me hice con un armario propio en la cocina de mi padre (él lo llamaba el armario de Curly, el mote con que se refería a mí). Cocinaba para mi padre y mi hermano pequeño, que probaban diligentemente los platos que les presentaba, mientras yo les observaba de reojo desde la trinchera en que había convertido la cocina. Una vez les serví pechuga de pollo empanada con granos enteros de pimienta de Sichuan. La respuesta de mi padre fue: «Curly: se me ha dormido un poco la lengua...».

De forma paralela a mi romance con la cocina asiática, transcurrían mis años en el colegio y la universidad, con exámenes y decisiones acerca del futuro. A pesar de mi afición por la comida, la música y el arte, siempre quise dedicarme a la ciencia. Dada la manera en que funcionaba mi mente -procedimientos, hechos, metodología- tenía claro qué estudiar, así que me gradué en microbiología y biología molecular.

Mi amor por la metodología y los procedimientos, combinado con mi fascinación por la gastronomía asiática, es lo que inspira mi enfoque culinario basado en hacer las cosas de principio a fin: preparar cada uno de los componentes; controlar todos los aspectos de una preparación. Quería saber qué les ocurría a mis ingredientes a nivel molecular, y cómo podía utilizarlo para mejorar texturas y sabores. Mi cocina se convirtió en mi laboratorio.

Esta hambre de conocimiento es lo que me llevó a una escuela de cocina de Lanzhou, China, donde aprendí a preparar y estirar a mano los noodles la mian según el método tradicional: harina, agua, sal y horas de trabajo manual.

Algunas de las recetas del presente libro son fruto de una búsqueda de ingredientes en los armarios una noche entre semana que dio buen resultado. Unas son para comer en la cama, solo, y otras para compartir con amigos. Las hay que son recreaciones de comida callejera que he descubierto en mis viajes, mientras que otras rinden homenaje a viejos platos favoritos de comida dim sum tomados en el restaurante al que nos llevaba mi abuelo hace años.

Sea cual sea su procedencia, todas son personales y especiales para mí y, al compartirlas con los lectores, espero repartir un poco de la alegría que me han dado a mí.

## Leyenda

**V** · receta vegetariana

**VG** · receta vegana

# Cómo usar este libro

### DUMPLINGS Y NOODLES

Al inicio de cada capítulo, aparecen las recetas para elaborar a partir de cero la pasta para los dumplings y los noodles orientales, junto con imágenes útiles del proceso. Las medidas específicas se ofrecen en cada receta. Si no deseas elaborar tu propia masa, existe la posibilidad de comprarla, pero para disfrutar de las recetas en todo su esplendor, siempre recomiendo hacer la masa en casa.

### CHILES

Quitar las semillas a los pimientos reduce la intensidad del picante sin que pierdan sabor. Se puede hacer cortando el chile por la mitad y retirando las semillas con una cuchara.

### ESTERILIZAR TARROS Y BOTELLAS

Lava tarros y tapas en el lavavajillas o a mano con agua caliente y jabón, luego aclaralos y sécalos antes de meterlos en el horno (precalentado a 120 °C/250 °F/Gas ½) para que se sequen durante 15 minutos. Con cuidado, sácalos del horno y llénalos mientras están aún calientes.

### HUEVOS

Utilizo los grandes, salvo que indique otra cosa.

### MEDIDAS

Las recetas para masa se crearon empleando medidas del sistema métrico decimal. Aconsejo siempre el uso de una balanza por la tranquilidad que da pesar los ingredientes con precisión.

### TUESTE DE ESPECIAS

Usa una sartén sin aceite a fuego medio para tostar especias enteras durante 2-3 minutos. Deja que se enfríen y luego muélelas en un mortero o un molinillo para especias.

### USO DE ACEITE

Cuando se requiera el uso de gran cantidad de aceite para freír, con el fin de hacerlo de forma segura, utiliza un recipiente alto de base gruesa. No lo llenes más que un tercio de su capacidad.

# Cosas que debes tener a mano

## Ingredientes esenciales

Aquí incluyo una lista de ingredientes que nunca faltan en la despensa. Acumular un arsenal de ingredientes como el mío requiere su tiempo, por no decir un montón de espacio. No obstante, es posible que ya tengas muchos o todos estos ingredientes y estés a punto para empezar. Si empiezas ahora en esto de la cocina o partes de cero, compra los ingredientes a medida que los vayas necesitando, receta a receta. Al terminar, tendrás todo lo necesario para preparar todas las recetas del libro. Lo bueno de este tipo de ingredientes es que duran mucho tiempo, de modo que al principio tal vez representen una pequeña inversión, pero a la larga valdrá la pena. Antes de lo que crees, dispondrás de la despensa provista de todos los ingredientes necesarios para crear las recetas que te apetezcan.

Los ingredientes que venden en el supermercado asiático de la esquina a veces resultan más baratos que los que se encuentran en las grandes superficies, que a menudo ofrecen una gama más amplia. Si no hay uno cerca de tu casa, en algunos mercados puedes comprar estos ingredientes, y si no hay otra opción, puedes encargarlos por internet.

#### ACEITE DE SÉSAMO

El puro es más caro que el mezclado o el tostado, pero también es mucho más fuerte. Con poco basta. El punto de humo del aceite de sésamo es bastante bajo, de modo que no suele recomendarse para cocinar. Úsalo para salsas y aliños. Mi marca preferida es Kadoya.

#### ACEITE PICANTE

Para elaborarlo en casa, véase la receta de aceite de pimienta de Sichuan de la p. 180. Se puede preparar una gran cantidad un domingo con tiempo y conservarlo en el frigorífico durante meses. Más aromático y potente que el aceite con guindilla crujiente mencionado más abajo, es insustituible en muchas de las recetas y va muy bien tener siempre en el frigorífico.

#### ALMIDONES

Los almidones -harina de maíz, fécula de patata, tapioca y almidón de trigo- poseen cualidades diferentes de la harina normal, principalmente, la ausencia de gluten. Esto hace que sean útiles para diversas preparaciones, como una maravillosa masa de dumplings, o para crear capas crujientes.

#### GLUTAMATO DE MONOSODIO

Es la forma aislada del aminoácido natural (no esencial) glutamato de sodio, presente en multitud de frutas y hortalizas frescas. Es la esencia del sabor umami.

#### GUINDILLA CRUJIENTE EN ACEITE

Creo que debo de tener unos 17 tarros en la despensa. Es perfecta para numerosas recetas. A veces, el aceite picante casero es mejor, pero a mí me vale la salsa de guindilla en aceite Lao Gan Ma. Sabrás a lo que me refiero cuando la pruebes.

#### LÁMINAS DE ALGA NORI

Finas como el papel y crujientes, elaboradas con algas prensadas y desmenuzadas. Son ideales para aportar un toque de textura y sabor umami a las sopas de noodles o sofritos orientales. Tuesta brevemente una lámina de alga nori durante 20 segundos en el fogón o bajo el gratinador del horno. Una vez tostada, se volverá quebradiza. Añádela tal cual al plato o muélela para espolvorearla por encima.

## MIRIN

El mirin es un vino dulce de arroz fermentado muy común en la gastronomía japonesa. La variedad hon mirin es la que se suele encontrar en cualquier supermercado asiático. Yo acostumbro a comprar una botella de 500 ml (18 fl oz), y se me acaba con cierta rapidez.

## MISO BLANCO O SHIRO MISO

Se trata de una pasta amarillenta hecha con habas de soja fermentadas con un alto contenido de arroz, de marcado sabor umami y dulce. El shiro miso fresco se encuentra en la sección de refrigerados de los supermercados asiáticos, y presenta un gusto más agradable, pero suele ser más caro. En mi opinión, el miso en tarro no es tan bueno, pero dura mucho más.

## PASTA DE SÉSAMO/TAHINA

Útil para preparar aliños rapidísimos para noodles. La pasta de sésamo y la tahina añaden un sabor a frutos secos a los platos, y a mí me entra el pánico si no tengo un tarro en la despensa. Las marcas chinas de pasta de sésamo tienden a ser más espesas y difíciles de mezclar, mientras que la tahina es de color más claro y gusto más ligero; yo las uso indistintamente. Consérvalas en el frigorífico para que no se separe el aceite de la pasta, así la mezcla es más fácil.

## PASTA DOUBANJIANG

Es una pasta (o salsa) de legumbres picantes, de la que existen diferentes variedades. Lo principal es que los ingredientes básicos son chiles y habas, que tras un proceso de fermentación se convierten en una pasta de profundidad e intensidad inimitables. Mi marca predilecta es Chuanlaohui Pixian. Se presenta en un recipiente en forma de barrilito con tapa roja.

## PASTILLAS DE CURRI JAPONÉS

Se puede preparar la salsa de curri japonés de cero, pero con espesante para curri japonés o pastillas de curri japonés se consigue un resultado rápido, fácil y barato.

## SALSA DE OSTRA

Una vez abierta, se conserva indefinidamente en el frigorífico y es óptima para dar dulzor y sabor umami. Me encanta la marca Happy Boy. Existen versiones vegetarianas o veganas elaboradas con setas shiitake, de potente sabor umami, y alga kombu: se etiquetan como «salsa para sofritos orientales vegetarianos», «salsa de setas» o simplemente «salsa de soja vegetariana». Puedes probar las marcas Panda o Lee Kum Kee.

## SALSA DE PESCADO

Mis amigos y yo solemos discutir sobre nuestra marca favorita de salsa de pescado. Yo soy más de Tiparos, pero muchos de mis amigos son fieles a la marca Squid. Es un ingrediente básico que se conserva indefinidamente en la despensa.

## SALSA DE SOJA AMARILLA

Se elabora mezclando granos de soja amarilla fermentados con sal y harina de trigo. Es marrón y espesa, de intenso sabor umami ligeramente dulce. Yo utilizo las marcas Koon Chun y Cong Ban LV. También se encuentra en lata.

## SALSA DE SOJA CLARA

La salsa de soja clara es extremadamente importante en las recetas de platos chinos, taiwaneses y japoneses. Existen diversos tipos, todos con leves diferencias y variados perfiles de sabor. La que va bien con todo es la de la marca Pearl River Bridge. Para salsas donde mojar los alimentos, me gusta la marca Kikkoman, japonesa, más salada y de gusto más umami.

KATSUOBUSHI
生うどん

碎米芽菜
NET CONTENT

Longdan
RICE VERMICELL
寿桃
全蛋麵
Eggs Noodles(Thick)
非油炸
そば

Bull-Dog
CHIU CHOW
CHILLI OIL

CURED PORK
Red Onion

### SALSA DE SOJA OSCURA

La soja oscura es un ingrediente distinto a la salsa de soja clara, y sirve para espesar y dar color al plato. Es mucho más espesa que la clara y no se puede sustituir una por la otra. Pearl River Bridge es mi marca preferida.

### SALSA DULCE DE HABAS DE SOJA

Es la hermana dulce de la salsa de soja amarilla. Se elabora con habas de soja fermentadas, harina de trigo y azúcar. Yo utilizo la marca Cong Ban LV, en tarrina de color naranja y tapa amarilla, o en sobre. Si no encuentras salsa dulce de habas de soja, he comprobado que con salsa hoisin se obtiene un resultado aceptable, aunque suele ser más líquida y mucho más dulce.

### SALSA PICANTE CHIU CHOW

Picante y con mucho ajo, es una salsa potente, dulce y casi adictiva. Opino que la marca Lee Kum Kee es una buena versión comercial, pero es ideal tener en el frigorífico la receta casera (véase la p. 182). Se conserva mucho tiempo y vas a querer usarla para todo.

### SALSA TONKATSU

La marca Bull-Dog de salsa tonkatsu (hecha con fruta y verduras) es un típico ingrediente de la cocina japonesa, que se usa para yakisoba y okonomiyaki (véanse las pp. 98 y 168). Se puede preparar en casa, pero no sabe igual.

### SALSA XO

La salsa XO se prepara con muchos ingredientes caros, como vieiras secas, gambas secas y jamón de Jinhua. Hacerla en casa costaría un dineral, las vieiras solas ya suben lo suyo. En las tiendas de alimentación asiática venden el producto comercial, de precios variados, en función de la calidad de los ingredientes y el tamaño del envase. La salsa XO Lee Kum Kee Premium es la que suelo emplear, o bien preparo mi receta de salsa XO de pobre, descrita en la p. 181, que aporta un sabor umami parecido sin todos los ingredientes caros.

### SEMILLAS DE SÉSAMO

Espolvoreadas sobre un plato lo enriquecen. Tuéstalas en una sartén sin aceite a fuego medio durante 2-3 minutos, removiendo de vez en cuando, hasta que se doren ligeramente.

### SUI ML YA CAI / VEGETALES DE SICHUAN EN CONSERVA

Es una especialidad de la provincia china de Sichuan elaborada con vegetales encurtidos picados que se presenta en sobrecitos plateados. El sabor es extremadamente umami con un punto ácido y salado característico. Se encuentra en los buenos supermercados asiáticos o por internet.

### TOQUE FINAL CRUJIENTE

La receta de esta delicia que aporta textura está en la p. 179; se trata de un ingrediente indispensable capaz de transformar un plato con una pequeña cantidad. Si no puedes prepararlo tú, puedes comprar cebolla escalonia crujiente o ajo crujiente listo para usar, aunque, como ocurre con muchas cosas, ¡la versión casera es incomparable!

### VINAGRE DE ARROZ NEGRO CHINKIANG

Es uno de mis ingredientes favoritos. Es suavísimo y perfecto para salsas y aliños. Si no lo encuentras, sustitúyelo por una cuarta parte de la cantidad indicada de vinagre de vino tinto y vinagre balsámico (por ejemplo, 4 cucharadas de vinagre Chinkiang equivalen a 1 cucharada de vinagre de vino más 1 de balsámico). Una vez abierta la botella, guárdala en un armario oscuro con la tapa bien cerrada, de lo contrario, pierde sabor enseguida.

### VINO DE ARROZ DE SHAOXING

Es un ingrediente importante de muchos de los platos de este libro, y también bastante caro (alrededor de 6 euros el litro). Aunque la mayoría de recetas solo precisan una pequeña cantidad, no caigas en la tentación de prescindir de él. Se trata de uno de esos ingredientes que aportan una capa de sabor capaz de mejorar un plato con un chorrito. Un buen sustituto es el jerez seco.

# Otros básicos de despensa

Estos ingredientes duran hasta que se acaban. Si los compras a granel, consérvalos en tarros herméticos para mantener su frescor. Muchos, como los granos de pimienta de Sichuan, pierden su aroma si quedan en una bolsa abierta.

### ESPECIAS

- Anís estrellado
- Caldo dashi en polvo (o gránulos para dashi vegano a base de alga kombu deshidratada)
- Granos de pimienta (negra, blanca y rosa)
- Granos de pimienta de Sichuan
- Mezcla de especias shichimi/furikake
- Polvo de cinco especias chinas
- Semillas de cilantro
- Semillas de comino
- Semillas de hinojo
- Vainas de cardamomo (verde y negro)

### INGREDIENTES SECOS

- Alga kombu
- Cacahuetes (enteros pelados/tostados)
- Copos katsuobushi
- Gambas
- Jamón curado chino/secado al aire
- Setas shiitake
- Setas variadas
- Tiras de hongo oreja de Judas

# Congelar y cocinar comida congelada

### DUMPLINGS

Congélalos en un recipiente plano, forrado con papel vegetal, separados 1 cm (½ in) unos de otros. Una vez congelados, mételos en una bolsa de plástico de cierre fácil. ¡Acuérdate de la etiqueta!

| | | |
|---|---|---|
| **Jiaozi** | Se conservan hasta 3 meses | Directamente del congelador: cuécelos a fuego medio-bajo hasta que las bases se doren. Añade agua hasta cubrir 1,5 cm (⅝ in) y cuece 10-12 minutos. |
| **Won ton** | Se conservan hasta 3 meses | Directamente del congelador: se cuecen en 6-8 minutos en agua hirviendo. |
| **Shaomai** | Se conservan hasta 3 meses | Directamente del congelador: se cuecen al vapor en 12-14 minutos. |

### NOODLES

Para congelar la pasta, envuélvela formando nidos de 100 g (4 oz) sobre una bandeja forrada con papel vegetal. Una vez congelados, mételos en una bolsa de plástico de cierre fácil.

| | | |
|---|---|---|
| **De huevo** | Se conservan hasta 3 meses | Directamente del congelador: se cuecen en 5 minutos. |
| **Ramen** | Se conservan hasta 3 meses | Directamente del congelador: se cuecen en 5 minutos. |

#### CALDO
Para congelarlo (si no lo has hecho con fondo previamente congelado), viértelo en recipientes herméticos de 200 ml (¾ de taza) y congélalos. Se pueden usar directamente poniendo una ración del caldo congelado en un cazo y dejar que se deshaga a fuego medio-bajo.

#### FONDO
Congélalo en recipientes herméticos de 300 ml (1 ¼ de taza) y recaliéntalo congelado en un cazo a fuego medio-bajo.

## Masa para dumplings

Es fácil elaborar en casa la masa fina y redonda para los diversos tipos de paquetitos, pero también es práctico tener opciones preparadas.

#### PARA GYOZA
Imperial Dragon es la marca más extendida. Son obleas redondas y finas, perfectas para gyoza. Se descongelan rápido, pero pueden quedar un poco secas, por eso hay que mojar bien los márgenes. En los paquetes vienen unas cuantas, de modo que pueden devolverse al congelador las que no se usen.

#### PARA ROLLITOS
Pueden encontrarse en forma de discos de diversos tamaños en la sección de congelados. Son finísimos y al freírlos se convierten en un envoltorio dorado y crujiente ideal. Mi marca preferida es Spring Home, disponible en grandes superficies, además de tiendas de alimentación oriental.

#### PARA WON TON
La masa Happy Boy para won ton (la del envoltorio verde, más que el rojo) se puede encontrar en los supermercados asiáticos, principalmente en el congelador, pero a veces también en las neveras. Es la que uso, y el tamaño es perfecto para las recetas de este libro. Se descongelan con relativa rapidez, y las que no se utilizan pueden devolverse al congelador.

## Tipos de noodles

#### NOODLES AL HUEVO
Actualmente, se pueden comprar en todas partes, secos, frescos o congelados. Yo siempre me decanto por los frescos en lugar de los que se venden listos para echar al wok.

#### NOODLES DE ARROZ
Son ideales para comprarlos secos. Los hay de distinto grosor y por lo general solo deben remojarse en agua hirviendo unos 20 minutos. En la despensa también guardo noodles extrafinos y noodles planos anchos de arroz secos.

#### NOODLES DE TRIGO (RAMEN, SOMEN)
Ideales para sofritos y sopas, muy prácticos para momentos en que se desea cocinar un plato rápido con pasta. Se venden frescos de diversos tamaños en la sección de congelados o refrigerados del supermercado, y se conservan mucho tiempo. Los secos son más fáciles de encontrar, pero su textura es algo diferente. Normalmente, tengo en la despensa noodles ramen medianos y noodles de trigo finos comprados.

#### NOODLES SOBA
Son un tipo de noodles japoneses elaborados tradicionalmente cien por cien de alforfón, aunque algunas marcas actuales contienen trigo. Son oscuros y con sabor que recuerda a los frutos secos. La marca Akagi de noodles soba secos es mi preferida.

#### NOODLES UDON
Suelen encontrarse en la sección de congelados. Son tan gruesos que es poco común dar con versiones secas. Vienen en raciones y pueden cocinarse directamente sin descongelar.

# Utensilios esenciales y accesorios útiles

Hay un par de utensilios de cocina en los que vale la pena invertir porque facilitarán enormemente la preparación de las recetas de este libro, mientras que hay otros que son imprescindibles.

## Utensilios imprescindibles

### MÁQUINA PARA HACER PASTA

Si vas a hacer noodles caseros habitualmente, está claro que deberías invertir en una máquina para hacer pasta. Para principiantes y cocineros domésticos es perfecta porque los resultados obtenidos son más uniformes, y mejora la textura y el grosor de la pasta, en especial de los noodles ramen y de huevo. No es una máquina esencial para todas las recetas de este libro, ya que sin ella se pueden preparar los noodles cortados a mano y la pasta biang biang (véanse las pp. 82 y 86). La mía es una Marcato Atlas. Dicen que Imperia es también una marca fiable.

### WOK

Para cualquier variedad de cocina asiática, es una pieza clave para preparar desde sofritos orientales hasta frituras o para hervir o cocer al vapor. Los woks suelen estar fabricados con acero al carbono y son poco gruesos, lo cual significa que se calientan deprisa y se mantienen muy calientes. El tipo de cocina puede determinar el tipo de wok que conviene utilizar: yo prefiero cocinar con gas y tengo un wok de acero al carbono. Este tipo de wok requiere cierto mantenimiento y hay que darle un tratamiento antes de usar; en internet hay muchos de consejos para su cuidado. Si tu cocina es de inducción o eléctrica, tal vez te resulte más fácil cocinar con un wok antiadherente.

## Utensilios que facilitan mucho la vida

### AMASADORA

Amasar a mano permite observar los cambios de textura de la masa, pero requiere tiempo y fuerza. Las amasadoras hacen el trabajo rápidamente, y se puede aprovechar para hacer otras cosas mientras tanto, como preparar los rellenos.

### BOLES PARA RAMEN

Me encantan porque cumplen su propósito a la perfección (no como los boles de cereales) y, además, son muy bonitos.

### CESTO DE BAMBÚ PARA COCER AL VAPOR

Un cesto metálico también sirve, pero la masa suele pegarse más. Dicen que el aroma del bambú que desprende al someterlo al vapor añade una capa de sabor a los alimentos. A mí me encanta que el olor del bambú inunde mi cocina. Las vaporeras de bambú son baratísimas en las tiendas de alimentación asiáticas. Las más útiles son las de 25 cm o 30 cm (10 in o 12 in) de diámetro.

### ESPUMADERA ARAÑA

Ahora que tengo una, no sé cómo podía vivir sin ella. Es como una espumadera enorme caída del cielo: la uso para sacar los noodles de la olla, para freír, para cocer verduras. Es ideal para cocinar con el wok.

### MOLINILLO PARA ESPECIAS

Las especias recién molidas saben mucho mejor y siempre recomiendo hacerlo uno mismo. También se puede utilizar un mortero con su mano.

### RODILLO PEQUEÑO

Un rodillo de cocina pequeño permite alisar la masa con una mano y girarla con la otra.

PALLARES
SOLSONA
INOX

# Menús

## Cena de viernes en casa

Zha Jiang Mian (p. 106)

Lo mein vegetariano (p. 96)

Gyoza vegetarianas (p. 64)

## Cena con amigos

XLB de cangrejo (dumplings rellenos de sopa) (p. 56)

Rollitos de primavera vegetarianos adictivos (p. 175)

Tostadas de pan de gamba (p. 172)

Maíz con mantequilla de miso (p. 162)

Pak choi con gambas secas (p. 155)

## Cena vegana

Tostadas de pan de gamba veganas (p. 174)

Jiaozi de boniato (p. 48)

Noodles estilo Chongqing (p. 134)

Repollo chino y shiitake a la plancha (p. 152)

## Cena para dos

Dumplings Xinjiang de cordero (p. 52)

Ramen con miso y almejas (p. 124)

Verduras al wok con ajo (p. 148)

## Platos reconfortantes

**PARA CUANDO TIENES MÁS TIEMPO**

Noodles dan dan (p. 110)

Ramen shoyu (p. 138)

Buns rellenos de cerdo con pimienta (p. 44)

XLB de cangrejo (dumplings rellenos de sopa) (p. 56)

## Platos para los peques

Jiaozi de boniato (p. 48)

Maíz con mantequilla de miso (p. 162)

Okonomiyaki (p. 168)

Bao buns de setas crujientes y miso (p. 43)

Lo mein vegetariano (p. 96)

# Dumplings

Tan solo necesitas dos recetas para crear un repertorio completo de empanadillas orientales en casa. La masa casera posee una textura y un sabor totalmente diferentes de las obleas comerciales y siempre recomiendo intentar prepararla antes de ir a la tienda (si no se indica lo contrario, ya que en algunos casos las obleas que se venden preparadas son *justo* lo que hace falta).

# Masa fa mian para dumplings

**VG · SALEN** UNOS 700 G (1 LB 9 OZ) DE MASA

**PREPARACIÓN** 40 MIN + FERMENTACIÓN

**Utensilios especiales**
Robot de cocina (opcional)

**Para la masa inicial**
120 g (4 ¼ oz/1 taza) de harina de repostería con bajo contenido en gluten, y un poco más para espolvorear
½ cucharadita de levadura activa seca

**Para la masa nueva**

1 ½ cucharaditas de levadura activa seca
200 g (7 oz/1 ½ tazas) de harina de repostería con bajo contenido en gluten
160 g (5 ½ oz/1 ¼ tazas escasas) de harina con alto contenido en gluten (como harina de fuerza, con alrededor de 11-12 % de proteína)
2 cucharadas de azúcar extrafino
2 cucharaditas de levadura en polvo
½ cucharadita de sal
2 cucharadas de aceite de sabor neutro

## PREPARAR LA MASA PARA DUMPLINGS

Primero, prepara la masa inicial. Mezcla la harina con la levadura en un cuenco con 60 ml (¼ de taza) de agua, y trabájala unos 10-15 minutos hasta que quede homogénea. También puedes hacerlo con un robot de cocina utilizando el gancho para amasar. Deja leudar la masa 2-3 horas para que como mínimo doble su tamaño.

Cuando haya leudado, prepara la masa nueva. En una jarra o bol, mezcla la levadura seca con 180 ml (¾ de taza) de agua caliente, asegurándote de que la levadura se deshaga bien. Reserva la mezcla mientras preparas los ingredientes secos. Añade las dos harinas a un bol grande, con el azúcar, la levadura en polvo y la sal.

Agrega el aceite a la mezcla de la levadura y viértelo todo con los ingredientes secos. Remueve bien hasta que los ingredientes formen una masa, luego amásala 10-15 minutos hasta que quede suave y homogénea. Ahora mezcla la masa inicial con la masa nueva y trabájalas juntas hasta incorporarlas bien. Esto también puedes hacerlo con un robot de cocina utilizando el gancho para amasar.

Añade un hilo de aceite a un bol grande limpio y extiéndelo con la mano por su interior. De este modo la masa no se pegará mientras reposa. Pasa la masa al bol y cúbrela ciñéndola con papel film transparente. Deja la masa en un lugar cálido durante 1 hora o hasta que doble el tamaño.

## PREPARAR Y RELLENAR LOS DUMPLINGS

Saca el aire de la masa trabajándola, y luego divídela (en función de la receta elegida). Procura manipular solo dos trozos de masa a la vez y cubre el resto con un trapo de cocina limpio para que no se sequen. Forma una bola con cada trozo de masa haciéndola rodar entre las palmas de las manos, luego aplasta con cuidado cada bola hasta conseguir el diámetro deseado, según la receta.

Empieza a aplanar la masa con movimientos del rodillo hacia ti. Haz girar la masa 20 grados y repite la misma acción. Continúa aplanando y girando la masa hasta que se parezca a un huevo frito del diámetro necesario, en función de la receta. La oblea debería quedar más gruesa del centro para contener mejor el relleno, y más fina alrededor para poder darle forma. Si el centro se ha hinchado, elimina el aire pasando el rodillo.

Una vez terminada la primera oblea, rellénala con una cucharada del relleno y ciérrala mediante pequeños pliegues y pellizcos. Si no se te da bien, simplemente une los bordes y séllalos con un pellizco, como si fuera un monedero: sabrán exactamente igual.

Dispón los paquetitos acabados sobre papel vegetal o sobre una esterilla de bambú, dejando un espacio entre ellos de al menos 1 cm (½ in), y espera que leuden 15 minutos antes de cocerlos.

# Masa para dumplings jiaozi

**VG · SALEN** UNOS 560 G (1 LB 4 OZ) DE MASA PARA 25-30 OBLEAS

**PREPARACIÓN** 40 MIN + FERMENTACIÓN

**Utensilios especiales**
Robot de cocina (opcional)

320 g (11 ¼ oz/2 ½ tazas) de harina multiusos
Una pizca de sal

## PREPARAR LA MASA PARA DUMPLINGS

Pon la harina y la sal en un cuenco grande y remueve con unos palillos o un tenedor para deshacer grumos. Dispón 80 ml (⅓ de taza) de agua recién hervida y 80 ml (⅓ de taza) de agua fría y déjalas a mano. Primero añade el agua caliente a la harina y rápidamente combina para obtener una mezcla suelta. Cuando la harina haya absorbido por completo el agua caliente, añade el agua fría y ve incorporándola.

Sigue mezclando hasta que se forme una bola de masa. Trabájala uno o dos minutos en el cuenco y luego pásala a la superficie de trabajo. Continúa amasando 10 minutos hasta que se vuelva suave y elástica.

Cuando la masa esté suave y flexible, forma una bola y déjala dentro de una bolsa de plástico de cierre fácil o en un cuenco cubierto con un trapo de cocina limpio humedecido. Déjala reposar a temperatura ambiente mientras preparas el relleno elegido. Si preparas la masa con más de 1 hora de antelación, puedes dejar que repose en el frigorífico.

## PREPARAR Y RELLENAR LOS DUMPLINGS

Amasa la bola durante 3-5 minutos. La masa debería notarse dúctil y elástica. Corta la bola en tercios: trabajarás con un tercio a la vez y dejarás los otros dos de nuevo en la bolsa o cuenco, bien cubiertos para que no se sequen.

Da forma de salchicha a la masa. Es mejor si espolvoreas harina sobre la superficie de trabajo. Corta la masa en segmentos del mismo tamaño, ocho o diez, según la receta, y luego forma bolas con cada uno.

Para hacer las obleas, toma una bolita y, con tres dedos, aplánala en forma de disco. Con el rodillo, aplana el margen superior del disco. Gira la masa 30 grados y aplana el margen superior una vez más. Sigue con el proceso de aplanar y girar hasta que la masa adquiera el aspecto de un huevo frito. Debe quedar plana por los márgenes y más gruesa del centro. Consulta la receta que estés preparando para saber el diámetro. Espolvorea un poco de harina sobre cada oblea. ¡Se pegan unas a otras con facilidad!

Ahora coloca una oblea en la palma de la mano y dispón una cucharada de relleno en el centro. Une los márgenes y presiona ligeramente la masa para sellar el paquetito. Puedes añadir unos pliegues si lo deseas, pero no es del todo necesario: ¡serán igual deliciosos!

Dispón los dumplings acabados sobre papel vegetal, dejando un espacio entre ellos de al menos 1 cm (½ in). Al reposar es posible que crezcan un poco. Repite el proceso con los dos tercios restantes de masa y el resto del relleno antes de cocer los paquetitos.

## ELABORACIÓN CON SEMILLAS, HOJAS Y MÁQUINA PARA PASTA

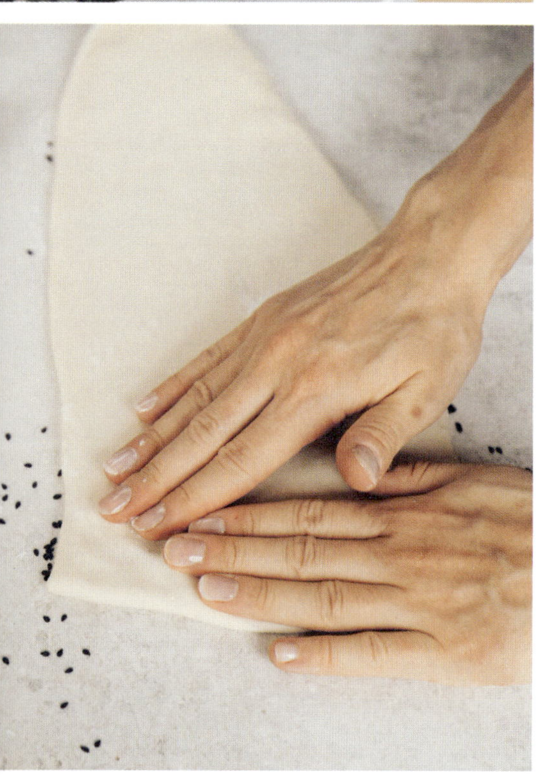

# Bao Char Siu

**SALEN** 11 · **PREPARACIÓN** 30 MIN + FERMENTACIÓN · **COCCIÓN** 20 MIN

⅓ porción de Cerdo asado char siu (véase la p. 187)
1 porción de masa fa mian (véase la p. 22)
Harina multiusos, para espolvorear

**Para la salsa**
1 cucharada de azúcar moreno claro
1 cucharada de salsa de soja clara
2 cucharadas de salsa de ostra
2 cucharaditas de aceite de sésamo
2 cucharaditas de salsa de soja oscura
Una pizca de pimienta blanca recién molida

**Esta es mi versión de uno de los platos preferidos de cocina dim sum: buns esponjosos rellenos de carne de cerdo con salsa barbacoa dulce. Tradicionalmente se sirven a la hora del yum cha (literalmente, «beber té»), una especie de brunch a base de platos dim sum que se acompañan con té caliente y se toma al mediodía con familiares y amigos.**

En un bol, mezcla todos los ingredientes para la salsa y reserva.

Saca el aire de la masa fa mian trabajándola, y luego divídela en 11 partes iguales (cada una de unos 65 g/2 ¼ oz). Forma bolas con ellas y cúbrelas con un trapo de cocina limpio humedecido para que no se sequen.

Corta la carne de cerdo en dados de 1 cm (½ in) y mézclalos con la salsa y el resto de la fuente de marinado.

Sigue las instrucciones de la p. 25, aplana la bola de masa en forma de galleta y estírala hasta que logres un disco de unos 15 cm (6 in) de diámetro. Pon 1-2 cucharadas de relleno de carne en el centro y pliega o pellizca los bordes de la masa, luego coloca el bao sobre papel vegetal dispuesto dentro de una vaporera. Repite con el resto de la masa y deja que los panes leuden al menos 15 minutos.

Cuece los bao al vapor unos 8-10 minutos, luego retira la vaporera del fuego, pero deja la tapa puesta 5 minutos más. Los bao deberán quedar hinchados, brillantes y esponjosos.

# Bao de ternera al comino

**SALEN** 20 · **PREPARACIÓN** 35 MIN + REFRIGERACIÓN Y FERMENTACIÓN · **COCCIÓN** 4 ½ HORAS

1 porción de masa fa mian (véase la p. 22)
Harina multiusos, para espolvorear

**Para el relleno**
5 cucharadas de aceite de sabor neutro
500 g (1 lb 2 oz) de tapa de pecho de ternera, cortada en trozos de 5 cm (2 in)
5 dientes de ajo, picados
1 trozo de jengibre fresco de 2,5 cm (1 in), pelado y rallado
1 cebolla morada mediana, en láminas
4 cucharaditas de semillas de comino, tostadas (véase la p. 9) y molidas
2 cucharadita de semillas de cilantro, tostadas (véase la p. 9) y molidas
½ cucharadita de pimienta negra recién molida
½ cucharadita de pimienta de Sichuan recién molida
3 cucharadas de vino de arroz de Shaoxing
3 cucharadas de salsa de soja clara
2 cucharadas de azúcar moreno claro
2 cucharadas de vinagre de arroz negro Chinkiang

**NOTA**
Una vez cocidos los bao, retira la sartén del fuego y déjala templar con la tapa un par de minutos antes de servir.

**Ideé esta receta para un club de cocina que organizaba. Había preparado el relleno muchas veces, para servirlo con noodles, pero quería probarlo combinado con la tierna masa de los bao, y funcionó.**

Precalienta el horno a 150 °C (300 °F/Gas 2).

Calienta 2 cucharadas del aceite en una sartén grande a fuego alto y dora la carne por todos los lados. Dispón en una fuente de hornear honda.

En la misma sartén, a fuego medio, sofríe el ajo y el jengibre con otra cucharada de aceite durante unos 30 segundos. Añade la cebolla y sofríe 2 minutos hasta que se ablande. Añade el comino, el cilantro y las pimientas. Mézclalas bien con la cebolla y sofríe un minuto más. Agrega el vino de arroz y deja que reduzca un poco antes de añadir la salsa de soja, azúcar y vinagre, y 300 ml (1 ¼ tazas) de agua y llevar a un suave hervor.

Vierte la salsa sobre la carne. Debería quedar tres cuartas partes sumergida en el líquido; añade agua si es necesario. Cubre la fuente con dos capas de papel de aluminio y cocina en el horno 4 horas, dándole la vuelta al cabo de 2 horas.

Una vez cocinada, la carne debe deshacerse con facilidad. Pásala a un cuenco grande con unos 100 ml (½ taza) de la salsa de cocción y desmenuza la carne con dos tenedores. Deja templar y dispón el bol en el frigorífico.

Saca el aire de la masa fa mian trabajándola, y luego divídela en 20 partes iguales (cada una de unos 35 g/1 ¼ oz). Forma bolas con ellas y cúbrelas con un trapo de cocina limpio humedecido para que no se sequen.

Siguiendo las instrucciones de la p. 25, aplana una bola de masa en forma de galleta y estírala hasta que logres un disco de unos 10 cm (4 in) de diámetro. Pon 1-2 cucharadas de relleno de carne en el centro y pliega o pellizca los bordes de la masa, luego coloca el bao sobre papel vegetal. Repite con el resto de la masa y deja que los panes leuden al menos 15 minutos.

Para cocer los bao, pon el resto del aceite en una sartén antiadherente. Añade los bao, con el cierre arriba. Fríelos a fuego medio 3-4 minutos hasta que queden crujientes de la base. Llena la sartén con agua hirviendo hasta la mitad, luego tápala, baja el fuego y deja cocer 6-8 minutos.

Ahora el agua se habrá evaporado y los bao quedarán en contacto con la sartén. Cuando notes que se tuestan, ¡estarán listos!

# Bao shengjian

**SALEN** 24 · **PREPARACIÓN** 40 MIN + CONGELACIÓN Y FERMENTACIÓN · **COCCIÓN** 2 ¼ HORAS

Gelatina de caldo (véase la p. 186)
Aceite de sabor neutro, para freír
1 porción de masa fa mian (véase la p. 22)
Harina multiusos, para espolvorear

**Para el relleno**
100 g (4 oz) de zanahoria, pelada y rallada
350 g (1 ½ tazas) de carne grasa de cerdo picada (>20 % grasa)
1 trozo de jengibre fresco de 25 g (1 oz), pelado y rallado
3 cebolletas, solo las partes verdes, picadas
2 cucharaditas de vino de arroz de Shaoxing
1 ½ cucharadas de salsa de soja clara
½ cucharadita de sal
2 cucharaditas de azúcar extrafino
1 cucharadita de aceite de sésamo

**Para servir**
2 cucharadas de semillas de sésamo, tostadas (véase la p. 13)
2 cebolletas, troceadas
Aceite picante (receta casera en la p. 180), opcional

**Los bao shengjian, también conocidos como mantou shengjian, son el hermano mayor, más pan y menos bollo, de los bao rellenos de sopa xiao long bao (véase la p. 56). Son un desayuno y un tentempié muy popular en Shanghái. Personalmente, los tomaría para desayunar, almorzar o cenar. Se rellenan tradicionalmente con una mezcla de carne de cerdo y gelatina de caldo que se deshace y se convierte en una deliciosa sopa durante el proceso de cocción. He añadido zanahorias a la receta para darle más textura y dulzor.**

**Para la receta, hace falta gelatina de caldo. Se tardan un par de horas en prepararla de cero, pero recomiendo hacerlo. Se puede preparar una buena cantidad con antelación y congelarla para usar el caldo cuando sea necesario.**

Empieza preparando la gelatina de caldo (véase la p. 186).

A continuación, prepara el relleno. Fríe la zanahoria rallada a fuego medio con un poco de aceite de sabor neutro durante 2-3 minutos, justo hasta que se cueza. No la dejes demasiado tiempo o se reblandecerá. Déjala en un bol para que se temple.

Dispón el resto de ingredientes para el relleno en un cuenco grande, añade 3 cucharadas de agua y mezcla, removiendo en el sentido de las agujas del reloj hasta obtener una pasta espesa (tardarás unos 5 minutos, ten paciencia). Añade la zanahoria frita y mézclalo todo.

Saca la bandeja de gelatina de caldo del congelador (o frigorífico) y usa un cuchillo afilado para cortarla en dados de 1 cm (½ in). Retíralos de la bandeja con una espátula hasta que sumen 130 g (4 ½ oz). Congela el resto. Añade los dados de gelatina a la mezcla de carne y remueve con cuidado. Deja la mezcla en el frigorífico mientras preparas las obleas.

Sigue las instrucciones de la p. 25, elimina burbujas de aire de la masa fa mian amasándola y divídela en 24 partes iguales (cada una de unos 30 g /1 oz). Forma bolitas con cada trozo y cúbrelas con un trapo de cocina limpio humedecido para que no se sequen.

Aplana cada bolita en forma de galleta y estírala hasta obtener una oblea de 11-12 cm (4 ½-5 in) de diámetro. Dispón sobre ella 1 cucharada de relleno y pliégala o simplemente pellizca los bordes para unirlos si no se te da bien doblarlas (esta cara del bao quedará boca abajo, de modo que nadie notará nada).

Coloca los bao sobre papel vegetal o una esterilla de bambú, dejando un espacio de al menos 1 cm (½ in) entre ellos, y espera que leuden 15 minutos.

Cuando te dispongas a cocer los panecillos, añade un poco de aceite de sabor neutro a una sartén antiadherente. Llena la sartén con los bao, con el cierre boca abajo, uno junto a otro. Fríe a fuego medio 3-4 minutos hasta que queden dorados y crujientes por debajo. Llena la sartén con agua hirviendo hasta la mitad, con cuidado y alejando la cara de la sartén, porque se producirá una nube de vapor caliente. Coloca la tapa, baja el fuego y deja cocer suavemente 6-8 minutos. En función del tamaño de la sartén, cuece los bao en 2 tandas.

Pasado este tiempo, el agua se habrá evaporado, y notarás que los bao se tuestan al quedar en contacto con el fondo de la sartén de nuevo. ¡Entonces es cuando sabes que están listos! Retira la sartén del fuego y deja templar sin tapa un par de minutos antes de servir.

Puedes presentar los bao en la sartén o pasarlos a un plato para que se vean las caras crujientes. Espolvorea con semillas de sésamo tostadas, cebolletas troceadas y un poco de aceite picante (si te gusta su intensidad).

# Bao gua (buns taiwaneses de panceta)

**SALEN** 14 · **PREPARACIÓN** 30 MIN + ENFRIAMIENTO Y FERMENTACIÓN · **COCCIÓN** 1-2 ½ HORAS

Aceite de sabor neutro, para freír y pintar
1 porción de masa fa mian (véase la p. 22)

**Para la carne de cerdo**

400 g (14 oz) de panceta, en lonchas de 1 cm (½ in) de grosor
1 trozo de jengibre fresco de 5 cm (2 in), pelado, en rodajas gruesas y chafadas
2 cebolletas, troceadas gruesas
115 g (½ taza) de azúcar moreno claro
3 cucharadas de vino de arroz de Shaoxing
100 ml (½ taza) de salsa de soja clara
2 cucharadas de salsa de soja oscura
2 estrellas de anís

**Para montar**

1 porción de Zanahoria y daikon encurtidos (véase la p. 185)
¼ de pepino, en rodajas
1 puñado de cilantro, troceado bastamente
2 cebolletas, en láminas
1 chile rojo grande, en rodajas
1 puñado de cacahuetes tostados, troceados
1 cucharada de salsa hoisin
½ cucharada de salsa sriracha

**NOTA**

Para ahorrar tiempo, puedes usar rábano en rodajas en lugar de la zanahoria y daikon encurtidos. Puedes cambiar los ingredientes para montar los bocadillos a placer. Lo tradicional es adornar los bao gua con cacahuetes picados y azucarados, cilantro y sui mi ya cai (hojas de mostaza encurtidas). A mí me gustan con muchas hortalizas crujientes, como en esta receta.

**Los bao gua se rellenan con jugosa panceta guisada. En Taiwán, también se les llama «ho ka ti», que traducido literalmente significa «tigre muerde cerdo». Esto se debe a que, una vez montados, dicen que los bocadillos parecen la boca de un tigre con un trozo de carne de cerdo entre las mandíbulas.**

Calienta 1 cucharada de aceite en una sartén de base gruesa. Cuando esté caliente, añade la carne de cerdo y fríela por los dos lados a fuego alto para que se tueste y se dore, luego retira la sartén del fuego y reserva.

En la misma sartén, sofríe el jengibre y la cebolleta con la grasa desprendida por la panceta a fuego medio durante 30 segundos, hasta que suelten su aroma. Añade el azúcar, sin dejar de remover. Se caramelizará enseguida, y se quemará enseguida si se deja. Debería comenzar a fundirse y burbujear en 1-2 minutos.

Devuelve la carne a la sartén e imprégnala de la salsa caramelizada, luego añade el vino de arroz. Lleva a ebullición y mezcla bien, luego echa 450 ml (2 tazas escasas) de agua y añade las salsas de soja y el anís estrellado. Deja que rompa a hervir de nuevo y baja el fuego. Tapa y deja cocer al menos 1-2 horas; cuanto más tiempo, más tierna y jugosa quedará la panceta.

Mientras se cocina la carne de cerdo, prepara los ingredientes para montar los buns y mezcla las salsas hoisin y sriracha.

Trabaja la masa fa mian para eliminar burbujas de aire, y luego divídela en 14 partes iguales (cada una de 50 g/2 oz). Forma bolas y después aplana cada bola para obtener obleas ovaladas de 20 cm (8 in) de largo por 8 cm (3 in) de ancho. Pinta una mitad de cada oblea con una capa muy fina de aceite y dóblala por la mitad, luego disponlas en el interior de una vaporera forrada con papel vegetal.

Deja leudar los bao 15 minutos. Cuece los panecillos al vapor sobre una olla de agua hirviendo durante 8 minutos, hasta que queden tiernos y ligeros, luego reserva en la vaporera 5 minutos, con la tapa, para que se templen antes de montar los bao. Mientras se enfrían, separa las tiras de panceta de la salsa del guiso y deja reposar en un plato.

Para montar los bao, abre cada panecillo y úntalo con una capa de salsa sriracha o hoisin. Añade un par de rodajas vegetales, luego una tira de panceta, cilantro, cebolleta y chile, y decora con los cacahuetes.

# Bao buns de setas crujientes y miso

**V · SALEN** 14 · **PREPARACIÓN** 20 MIN + MARINADO Y FERMENTACIÓN · **COCCIÓN** 20 MIN

1 porción de masa fa mian (véase la p. 22)
250 g (2 tazas) de harina de arroz
Aceite de sabor neutro, para freír

**Para las setas**
2 dientes de ajo, rallados
1 trozo de jengibre fresco de 2,5cm (1 in), pelado y rallado
1 cucharada de miso blanco
2 cucharadas de salsa de soja clara
2 cucharadas de sake
2 cucharadas de mirin
1 cucharadita de azúcar moreno claro
7 setas de ostra grandes, cortadas por la mitad a lo largo y marcadas en diagonal

**Para montar (opcional)**
Salsa sriracha, al gusto
Mayonesa japonesa, al gusto (omite para una receta vegana)
1 porción de Zanahoria y daikon encurtidos (véase la p. 185)
1 puñado de cilantro, troceado bastamente
2 cebolletas, en rodajas

**Las setas fritas aportan una agradable textura a estos esponjosos bao buns, unos bollos que resultan una alternativa perfecta al relleno de carne, con el mismo o más sabor umami. Me gusta la textura firme de las setas de ostra grandes, que no se rompen y, al cortarlas, tienen la medida justa para un bao. Sin embargo, las de tamaño normal, champiñones u hongos shiitake frescos se pueden usar también.**

Echa el ajo, el jengibre, el miso, la soja, el sake, el mirin y el azúcar en un bol pequeño o una bolsa de plástico de cierre fácil y mezcla bien. Añade las setas, recúbrelas con la mezcla y déjalas marinar durante al menos una hora o preferiblemente dos.

Mientras se marinan las setas, trabaja la masa fa mian para eliminar burbujas de aire, luego divídela en 14 partes iguales (cada una de unos 50 g/2 oz). Forma bolas y luego extiende cada bola para obtener obleas ovaladas de 20 cm (8 in) de largo y 8 cm (3 in) de ancho. Pinta la mitad de cada oblea con una capa muy fina de aceite y dóblala por la mitad, luego disponla en una vaporera forrada con papel vegetal.

Cuando todos los bao estén listos, déjalos leudar 15 minutos. Cuécelos al vapor sobre agua hirviendo durante 8 minutos, luego reserva para que se templen antes de montarlos.

Pon la harina de arroz en un plato llano. Calienta 2 cm (¾ in) de aceite en una sartén grande o wok a fuego medio-alto. Toma los trozos de seta marinados de uno en uno y pásalos por la harina de arroz. Sacude el exceso de harina y luego fríelos en tandas 2-3 minutos por cada lado para que se doren, y escúrrelos sobre papel de cocina. Realiza la operación con todas las setas.

Abre los panecillos bao y móntalos a tu gusto: prueba añadir una capa de sriracha y mayonesa en la mitad inferior, zanahoria y daikon encurtidos, setas crujientes, y para terminar, cilantro y cebolleta por encima.

# Buns rellenos de cerdo con pimienta

**SALEN** 8 · **PREPARACIÓN** 45 MIN + FERMENTACIÓN · **COCCIÓN** 30 MIN

300 g (2 ½ tazas) de harina de repostería o harina multiusos baja en gluten, y un poco más para la pasta de harina
150 ml (⅔ de taza) de leche, caliente
2 cucharadas de azúcar extrafino
½ cucharadita de sal
2 cucharaditas de levadura activa seca
2 huevos
2 cucharadas de manteca de cerdo, derretida
Aceite de sabor neutro, para engrasar
3 cucharadas de semillas de sésamo, tostadas (véase la p. 13)

**Para el relleno**
350 g (1 ½ tazas) de carne de cerdo grasa picada (>20 % de grasa)
1 cucharadita de pimienta negra recién molida
¼ de cucharadita de pimienta de Sichuan recién molida
2 cucharadas de aceite de sésamo
1 cucharada de vino de arroz de Shaoxing
1 cucharada de salsa de soja clara
½ cucharadita de nuez moscada rallada
¼ de cucharadita de sal marina fina
5 cebolletas, en rodajas finas

**Utensilios especiales**
Robot de cocina (opcional); usa el gancho para amasar a velocidad media durante 5-8 minutos.

**Probé estos buns taiwaneses por primera vez en el mercado Raohe de Taipéi. Los chefs los preparaban a mano, mojando la carne de cerdo en un cesto con la cebolleta, antes de envolver este relleno con la masa y meter los bollos en un horno tandoor. Se cocían en unos minutos. Esta es mi versión de estos deliciosos panecillos.**

Para la pasta de harina, dispón 3 cucharadas de harina en un cacito. Añade 80 ml ( ⅓ de taza) de agua caliente y 40 ml (⅕ de taza) de leche caliente. Cocina a fuego medio 3-4 minutos hasta que espese y se vuelva pegajoso, luego reserva.

En un cuenco grande, combina los 300 g (2 ½ tazas) de harina con el azúcar y la sal. Añade la levadura al resto de la leche y remueve hasta que se disuelva bien y la mezcla forme espuma. Añade esta mezcla a la harina, junto con uno de los huevos y la manteca de cerdo derretida, luego incorpora la pasta de harina. Mézclalo todo hasta que se convierta en una masa. Trabájala 10-15 minutos hasta que quede suave y homogénea.

Unta un cuenco grande con aceite. Pon la masa dentro y cubre con un trapo de cocina limpio humedecido. Déjalo leudar 1-1 ½ horas en un lugar cálido.

Mientras fermenta la masa, prepara el relleno. Pon todos los ingredientes para el relleno excepto la cebolleta en otro cuenco grande y bátelos hasta que queden bien mezclados. La mezcla debe tener aspecto de pasta.

Cuando la masa acabe de fermentar, ponla sobre la superficie de trabajo y amásala para eliminar burbujas de aire de su interior. Forma una larga salchicha con la masa y córtala en 8 partes iguales (de 65-70 g/2 ¼-2 ½ oz cada una), luego dales forma de bola.

Precalienta el horno a 200 °C (400 °F/Gas 6).

Aplana las bolas de masa y extiéndelas para obtener obleas de 15 cm (6 in) de diámetro. Dispón 2 cucharadas de relleno en el centro de cada una, echa cebolleta por encima y sella la masa. Coloca los buns boca abajo en una bandeja forrada con papel vegetal dejando un espacio de no menos de 1 cm (½ in) de separación, y deja leudar como mínimo 15 minutos.

Bate el huevo restante, pinta la parte superior de los buns y espolvoréalos con las semillas de sésamo. Hornéalos unos 25 minutos, o hasta que se vean dorados y crujientes. Deja templar un poco antes devorarlos.

# Jiaozi de boniato

**VG · SALEN** 25-30 · **PREPARACIÓN** 30 MIN + ENFRIAMIENTO + FERMENTACIÓN · **COCCIÓN** 1 HORA

1 porción de masa para dumplings jiaozi (véase la p. 26)
Aceite de sabor neutro, para freír
2 cucharadas de semillas de sésamo, tostadas (véase la p. 13), opcional

**Para el relleno**
1 boniato grande (de unos 400 g/14 oz)
1 chile rojo, picado
4 cebolletas, picadas
1 cucharada de miso
1 trozo de jengibre fresco de 4 cm (1 ½ in), pelado y rallado
1 cucharadita de sal
1 cucharada de salsa de soja clara
2 cucharaditas de aceite de sésamo
35 g (1 ¼ oz) de repollo chino, hojas troceadas
150 g (5 oz) de tofu firme sedoso
4 cucharadas de pan rallado panko

**Para la salsa**
1 cucharada de salsa de soja clara
1 cucharada de vinagre de arroz negro Chinkiang
½ cucharada de aceite picante (receta casera en la p. 180)

**Esta receta es un batiburrillo, una búsqueda de algo que comer en el frigorífico se convirtió en epifanía y a su vez en plato imprescindible. Las obleas y el estilo de cocción son de influencia china, mientras que el sabor del relleno es más japonés. Creo que esta es la receta de dumplings que llevo más años preparando y la que ha superado la prueba del tiempo. Es un plato favorito en la familia, entre amigos y alumnos. ¡Sabrosísimo!**

**Este tipo de empanadillas asiáticas también puede prepararse según el método de semillas, hojas y máquina para pasta: véanse las fotos en las pp. 30-31.**

Precalienta el horno a 200 °C (400 °F/Gas 6).

Para el relleno, pincha el boniato varias veces con un cuchillo afilado y ponlo en una bandeja a media altura del horno para cocinarlo 45-50 minutos o hasta que esté blando. Otra opción es usar el microondas. En tal caso, pincha el boniato y ponlo en un plato apto para el microondas, cúbrelo con papel film transparente y practica un agujerito para permitir que salga el vapor. Cocínalo a potencia alta 8-10 minutos, hasta que se ablande. Retira el papel film con cuidado porque saldrá vapor caliente. Reserva a temperatura ambiente para poder manipularlo sin quemarte, luego córtalo por la mitad a lo largo y vacía la pulpa. Pon el boniato en un cuenco grande y desecha la piel.

Añade al bol el chile, la cebolleta, el miso, el jengibre, la sal, la salsa de soja y el aceite de sésamo, y mezcla a conciencia. Incorpora la col troceada, después desmenuza el tofu encima y remueve con cuidado para que el tofu no quede hecho puré. Al final, añade el pan rallado panko. Si preparas la receta con antelación, guarda la mezcla en el frigorífico hasta su uso.

A continuación, prepara las obleas. Sigue las instrucciones de la p. 29, divide la masa para jiaozi en tres partes, luego dale forma de salchicha de unos 25 cm (10 in) a uno de los tercios, y córtalo en 8-10 segmentos. Conviértelos en bolas y después extiende cada bola para obtener una oblea de 10 cm (4 in) de diámetro.

Dispón 1 cucharadita colmada de relleno en el centro de cada oblea, une los bordes y presiona con cuidado la masa para sellar el dumpling. Puedes hacerle unos pliegues más si lo deseas (véanse las fotos de la p. 28). Coloca los dumplings, separados al menos 1 cm (½ in), en una bandeja forrada con papel vegetal. Al reposar, pueden crecer un poco. Repite el proceso con el resto de la masa hasta que se te acabe la masa o el relleno (por muchas veces que haga esta receta, ¡siempre se me acaba una cosa antes que la otra!).

Para cocer los dumplings, calienta 1 cucharada de aceite en una sartén antiadherente a fuego medio. Añade la mitad de los dumplings, dejando un espacio de al menos 1 cm (½ in) de separación, y cuécelos 3-4 minutos, hasta que las bases se tuesten y queden crujientes. En función del tamaño de la sartén –hay que colocar los dumplings juntitos– tal vez precises hacerlo en 2 tandas.

Añade suficiente agua hirviendo para llenar la sartén hasta 1 cm (½ in) de profundidad, con cuidado y alejando la cara de la sartén porque se producirá una nube de vapor caliente. Coloca la tapa y deja cocer suavemente 6-8 minutos, hasta que se evapore toda el agua. Deja que los dumplings se frían en la sartén uno o dos minutos más, luego retira del fuego y deja templar ligeramente –así se despegarán del fondo de la sartén y será más fácil sacarlos. Como alternativa, estos dumplings se pueden simplemente cocer al valor o hervir 8 minutos.

Mezcla todos los ingredientes para la salsa en un cuenco pequeño. Espolvorea semillas de sésamo tostadas sobre los dumplings, sirve y ¡a devorar!

# Dumplings Xinjiang de cordero

**SALEN** 24 · **PREPARACIÓN** 30 MIN + REFRIGERACIÓN + FERMENTACIÓN · **COCCIÓN** 10 MIN

1 porción de masa para dumplings jiaozi (véase la p. 26)

**Para el relleno**

¼ de cucharadita de granos de pimienta de Sichuan
½ cucharadita de semillas de comino, tostadas (véase la p. 9)
½ cucharadita de semillas de cilantro, tostadas (véase la p. 9)
400 g (1 ¾ tazas) de carne grasa de cordero picada
2 cucharadas de vino de arroz de Shaoxing
2 cucharadas de salsa de soja clara
2 cucharaditas de aceite de sésamo
1 cucharadita de azúcar moreno claro
¼ de cucharadita de pimienta negra recién molida
4 ajos chinos o 3 cebolletas, en láminas finas
6 hojas de repollo chino, en tiras finas

**Para la salsa**

1 cucharada de salsa de soja clara
1 cucharada de vinagre negro Chinkiang
½ cucharada de aceite picante (receta casera en la p. 180)
1 cucharadita de pasta de sésamo

**La combinación de especias y cordero es frecuente en la cocina de Shaanxi, especialmente junto con productos a base de trigo, como en la receta de Pasta biang biang con cordero de la p. 109, por ejemplo. En este caso, el cordero, el trigo y las especias se combinan para obtener unos jugosos dumplings. En Xi'an los encontré en una callejuela perdida, donde los servían sin ningún cartel que lo anunciara. Allí es donde aprendí a pedir que me pusieran la comida para llevar, porque ya vi que no iba a poder acabarme una ración yo sola. Este tipo de establecimientos siempre estaban a rebosar de gente del lugar, todos comiendo lo mismo: dumplings Xinjiang de cordero.**

Primero prepara el relleno. Con un molinillo para especias o un mortero, muele los granos de pimienta de Sichuan y las semillas de comino y cilantro. Mezcla el cordero con el vino de arroz y la salsa de soja en un cuenco grande y remueve/bate hasta obtener casi una pasta. Añade el aceite de sésamo, seguido por las especias recién molidas, el azúcar y la pimienta negra. Incorpora los ajos chinos (o cebolletas) y el repollo. Deja reposar el relleno en el frigorífico mientras preparas las obleas.

Siguiendo las instrucciones de la p. 29, divide la masa para jiaozi en tres, luego dale forma de salchicha de unos 25 cm (10 in) de largo a un tercio de la masa y córtala en 8 segmentos. Dales forma de bola y luego aplana cada bola para obtener una oblea de unos 10 cm (4 in) de diámetro.

Dispón 1 cucharadita colmada de relleno en el centro de cada oblea, une los bordes y presiona con cuidado la masa para sellar el dumpling. Puedes hacerle unos pliegues más si lo deseas (véanse las fotos de la p. 54). Coloca los dumplings, separados al menos 1 cm (½ in), en una bandeja forrada con papel vegetal. Repite el proceso con el resto de la masa y el relleno.

Para cocinarlos, pasa los dumplings a una vaporera forrada con papel vegetal. Cuécelos al vapor por tandas en agua hirviendo durante 8-10 minutos.

Mezcla los ingredientes para la salsa en un bol y sirve la salsa junto a los dumplings.

## DAR FORMA A LOS PAQUETITOS JIAOZI

# XLB de cangrejo (dumplings rellenos de sopa)

**SALEN** 24 · **PREPARACIÓN** 25 MIN + REFRIGERACIÓN + FERMENTACIÓN · **COCCIÓN** 10 MIN

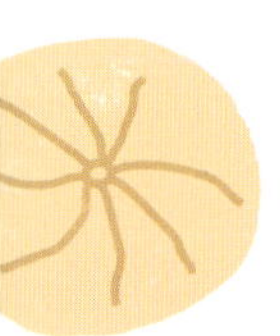

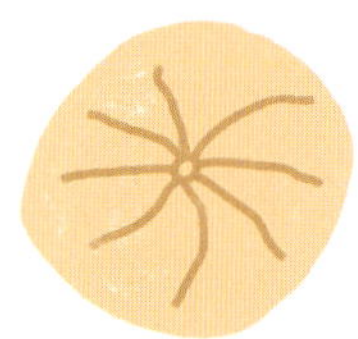

1 porción de masa para dumplings jiaozi (véase la p. 26)

**Para el relleno**

200 g (1 taza escasa) de carne de cerdo grasa (>20 % de grasa) picada
2 cucharadas de vino de arroz de Shaoxing
1 trozo de jengibre fresco de 2,5 cm (1 in), rallado
1 cucharada de salsa de soja clara
1 cucharada de salsa de pescado
Una pizca de pimienta blanca recién molida
½ cucharadita de sal
2 cucharaditas de azúcar moreno claro
200 g (1 ½ tazas) de carne de cangrejo oscura y clara
1 cucharada de gambas secas, picadas casi en forma de polvo
2 cebolletas, picadas
1 cucharadita de aceite de sésamo
150 g (5 oz) de gelatina de caldo (véase la p. 186)

**Para la salsa**

2 cucharadas de vinagre de arroz negro Chinkiang
1 cucharada de salsa de soja clara
1 cucharada de jengibre en juliana muy fina

### NOTA

Cuando tengo cuatro o cinco dumplings preparados, los meto en el congelador mientras hago el resto. Como el relleno es húmedo, la pasta que los envuelve absorbe la humedad y se reblandece. En el congelador se detiene este proceso y los dumplings mantienen su firmeza. Deja en el congelador solo los que no vayas a cocinar enseguida.

**Los XLB rellenos de sopa o xiao long bao (conocidos por sus iniciales, XLB), son los dumplings por excelencia. Masa finísima rellena de carne y deliciosa sopa. Es difícil dominar la técnica, no solo para prepararlos, sino también para comerlos.**

**Uno de los restaurantes más famosos donde sirven los dumplings XLB es el Din Tai Fung, con filiales en todo el mundo. En él, chefs con años de formación los elaboran a diario a mano. El número mágico son los 18 pliegues por dumpling, todos de tamaño y forma perfectamente uniforme. Los dumplings XLB de cangrejo y carne de cerdo de Din Tai Fung son lo primero que comí recién aterrizada en Taipéi y sigue siendo uno de los mejores bocados que he tomado. He aquí mi homenaje.**

**Esta receta requiere el uso de gelatina de caldo. Se tardan un par de horas en prepararla, pero recomiendo hacerlo. Se puede preparar una buena cantidad con antelación y congelarla para ir usándola cuando se precise.**

Dispón la carne de cerdo en un cuenco grande con el vino de arroz, el jengibre, la salsa de soja, la salsa de pescado, la pimienta, la sal y el azúcar, añade 3 cucharadas de agua y bate con cuchara de madera hasta obtener una pasta. Incorpora la carne de cangrejo, la gamba seca, la cebolleta y el aceite de sésamo. Déjalo reposar en el frigorífico 20 minutos mientras preparas las obleas.

Siguiendo los pasos de la p. 29, divide la masa para jiaozi en tres, dale forma de salchicha de unos 25 cm (10 in) de largo a un tercio de la masa y córtala en 8 segmentos. Forma bolas y luego aplana cada bola para obtener una oblea algo más fina que las de la p. 29, de unos 12 cm (5 in) de diámetro.

Con la carne de cerdo, el relleno de cangrejo y la gelatina de caldo a mano, coloca 1 cucharada del relleno en el centro de una oblea y luego ½ cucharadita de gelatina de caldo encima. Une los bordes de la oblea y forma pliegues de «monedero» (véanse las fotos de las pp. 58-59). Dispón los dumplings, separados al menos 1 cm (½ in) entre ellos, en una bandeja forrada con papel vegetal y deja reposar mientras preparas el resto (véase la nota).

Para cocinarlos, pásalos a una vaporera forrada con papel vegetal. Cuécelos al vapor en agua hirviendo durante 8-10 minutos. Debes tener cuidado al retirarlos para que no se rompan.

Mezcla todos los ingredientes para preparar la salsa en un bol y sírvela con los dumplings.

# Har Gau

**SALEN** 20 · **PREPARACIÓN** 25 MIN + REFRIGERACIÓN · **COCCIÓN** 5-6 MIN

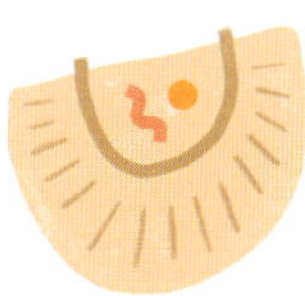

110 g (1 taza generosa) de almidón de trigo
110 g (1 taza generosa) de tapioca (o harina de maíz o fécula de patata)
3 cucharaditas de margarina vegetal o aceite vegetal
Aceite de sabor neutro, para engrasar

**Para el relleno**
250 g (¾ de taza) de langostinos crudos pelados
4 cucharaditas de manteca de cerdo o aceite vegetal
2 cucharaditas de azúcar moreno claro
¼ de cucharadita de sal marina fina
1 cucharadita de aceite de sésamo
Una pizca de pimienta blanca recién molida
Una pizca de harina de maíz
1 trozo de jengibre fresco de 3-4 cm (1 ½ in), pelado y rallado

**Estos dumplings de marisco me traen recuerdos de las comidas en mi restaurante preferido con mi abuelo y mi hermano. Eran, y siguen siendo, mis favoritos. Los tomo a la hora del yum cha con mi familia.**

Para el relleno, corta los langostinos por la mitad y pon la mitad en la picadora con la manteca de cerdo (o aceite vegetal), azúcar, sal, aceite de sésamo, pimienta blanca y harina de maíz. Exprime el jengibre rallado y añade el jugo (alrededor de 1 cucharada) a la picadora, luego tritura hasta obtener una pasta pegajosa.

Coloca el resto de langostinos en una tabla de cortar. Con un cuchillo grande, trocéalos, échalos a la picadora y dale un toque para que se mezclen. Pasa el relleno al frigorífico para que adquiera firmeza.

Para la masa, combina el almidón con la harina o fécula, luego añade 40 ml (⅕ de taza) de agua recién hervida. Mézclalo y repite el proceso cuatro veces más, siempre con agua recién hervida. (Habrás usado 200 ml/¾ de taza de agua hirviendo en total.) Añade la margarina vegetal o aceite. Cuando la masa se haya enfriado, trabájala para que quede homogénea.

Divide la masa en dos y cubre una mitad con un papel de cocina humedecido. Con la otra mitad, forma una salchicha de unos 2,5 cm (1 in) de grosor, divídela en 10 partes iguales (de unos 10 g/½ oz cada una) y forma bolas. Trabaja con dos bolas a la vez y mantén el resto cubiertas en papel de cocina humedecido para que no se sequen.

Unta la superficie de trabajo con un poco de aceite de sabor neutro. Aplana cada una de las bolas de masa con la palma de la mano y luego forma obleas circulares de 1-2 mm (alrededor de 1/16 in) de grosor y unos 6 cm (2 in) de diámetro. Llena cada una con 1 cucharadita colmada del relleno, une dos extremos de la oblea y pellízcalos por la parte central. Pon el pulgar dentro de la oblea, en dirección opuesta a donde estás tú, a 1 cm a la derecha del centro. Con el pulgar y el índice, dobla la parte frontal de la masa para crear un pliegue, y pellízcalo contra la parte dorsal para sellarlo. Repite la acción para crear unos 3 pliegues y luego repite para el lado izquierdo.

Forra el fondo de una vaporera con un papel vegetal donde habrás practicado varios agujeros. Dispón los dumplings en la cesta, con una separación mínima de 1 cm (½ in) entre ellos, y cuécelos al vapor sobre agua hirviendo durante 5-6 minutos por tanda hasta que se vean translúcidos.

# Dumplings de setas y puerros

**VG** · **SALEN** 20 · **PREPARACIÓN** 25 MIN + REMOJO + REFRIGERACIÓN · **COCCIÓN** 10 MIN

110 g (1 taza generosa) almidón de trigo, y un poco más para espolvorear
110 g (1 taza generosa) tapioca (o harina de maíz o fécula de patata)
3 cucharaditas de margarina vegetal o aceite vegetal
Aceite de sabor neutro, para engrasar

**Para el relleno**
5 setas shiitake secas
50 g (2 tazas) de setas secas variadas (incluidas del tipo hongo calabaza)
1 cucharada de aceite de sabor neutro
1 diente de ajo, rallado
75 g (3 oz) de tofu firme
1 jalapeño verde grande, sin semillas, en rodajas finas (o 1 cucharada de jalapeños en conserva, en rodajas, escurridos), opcional
2 cebolletas, en láminas finas
150 g (5 oz) de ajos chinos, en láminas finas
1 cucharadita de aceite de sésamo
1 cucharada de salsa de ostra vegana
1 cucharada de salsa de soja clara
Una pizca de pimienta blanca recién molida
1 cucharadita de azúcar moreno claro

**Para servir**
2 cucharadas de Toque final crujiente (véase la p. 179) o cebolla escalonia crujiente envasada
Aceite picante (receta casera en la p. 180)
Vinagre de arroz negro Chinkiang

**Estos bonitos dumplings en forma de triángulo son fáciles de preparar y causan sensación. Son deliciosos y sabrosos, perfectos como parte de un festín a base de platos dim sum –o para ir comiendo a solas, viendo una comedia romántica.**

Primero prepara el relleno. Remoja las setas shiitake en agua hirviendo 30 minutos y pon las setas secas variadas en remojo 15 minutos. Escurre todos los hongos, reservando el líquido del remojo, y pícalos. En una sartén grande, fríe las setas con el aceite de sabor neutro, a fuego medio, 3-4 minutos hasta que se doren y se evapore el exceso de humedad. Añade el ajo y sofríelo 1 minuto con las setas para que suelte su aroma.

Pasa la mezcla de setas sofritas a un cuenco grande y desmenuza el tofu por encima. Añade el resto de ingredientes para el relleno y mézclalo todo bien. Reserva en el frigorífico hasta el momento de su uso.

Para la masa, combina el almidón con la harina o fécula, luego añade 40 ml (⅕ de taza) de agua recién hervida. Mézclalo y repite el proceso cuatro veces más, siempre con agua recién hervida. (Habrás usado 200 ml/¾ de taza de agua hirviendo en total.) Añade la margarina vegetal o el aceite. Cuando la masa se haya enfriado, trabájala para que quede homogénea. Tendrá un aspecto parecido a las nubes de gominola.

Divide la masa en dos y cubre una mitad con un papel de cocina humedecido. Con la otra mitad, forma una salchicha de unos 2,5 cm (1 in) de grosor, divídela en 10 partes iguales (de unos 10 g/½ oz cada una) y forma bolas. Trabaja con dos bolas a la vez y mantén el resto cubiertas en papel de cocina humedecido.

Unta la superficie de trabajo con un poco de aceite de sabor neutro. Aplana cada una de las bolas de masa con la palma de la mano y luego forma obleas circulares de 1-2 mm (alrededor de 1/16 in) de grosor. Llena cada una con 1 cucharadita del relleno refrigerado y une los extremos de la oblea pellizcándolos para darle aspecto de pirámide (véase la p. sig.).

Forra el fondo de una vaporera con un papel vegetal donde habrás practicado varios agujeros. Dispón los dumplings en la cesta, con una separación mínima de 1 cm (½ in) entre ellos, y cuécelos al vapor en agua hirviendo durante 5-6 minutos hasta que vean translúcidos.

Dispón 1-2 trocitos de los ingredientes crujientes (o cebolla escalonia) sobre el borde de cada dumpling y sirve con aceite picante y vinagre de arroz negro.

# Gyoza vegetarianas

**VG · SALEN** 24 · **PREPARACIÓN** 25 MIN + REFRIGERACIÓN · **COCCIÓN** 10-15 MIN

1 paquete de obleas para gyoza (descongeladas si las sacas del congelador)
Aceite de sabor neutro, para freír

**Para el relleno**
1 cucharada de aceite de sabor neutro
2 dientes de ajo, rallados
1 trozo de jengibre fresco de 2,5 cm (1 in), pelado y rallado
8-10 setas shiitake secas, remojadas, sin tallos y en dados
2 zanahorias medianas, peladas y ralladas
200 g (7 oz) (alrededor de ½) repollo chino, en tiras finas
½ cucharadita de sal marina fina
2 cucharadas de hongos oreja de Judas secos, remojados y troceados
1 puñado de ajos chinos, en láminas finas (o 100 g/1 ¾ tazas de la parte verde de un puerro troceada)
2 cucharaditas de aceite de sésamo
2 cucharadas de vino de arroz de Shaoxing
2 cucharadas de salsa de soja clara
2 cucharaditas de azúcar moreno claro
1 cucharada de salsa de ostra vegana
Una pizca de pimienta blanca recién molida

**Para la salsa**
1 cucharada salsa de soja clara
1 cucharada de vinagre de arroz negro Chinkiang
½ cucharada de aceite picante (receta casera en la p. 180)

**NOTA**
Si no se te da bien plegar las gyoza decorativamente, simplemente séllalas.

**Las gyoza suelen rellenarse con carne de cerdo y freírse antes de cocerlas al vapor. En Japón las sirven como aperitivo, acompañadas de cerveza, y son deliciosas. Las obleas son extremadamente delgadas, por eso nunca me molesto en prepararlas en casa. ¡Hay cosas que hacen mejor las máquinas! Las obleas comerciales se descongelan rápido, de modo que se pueden preparar estos crujientes bocados aunque no se disponga de mucho tiempo.**

Calienta el aceite de sabor neutro para el relleno en una sartén grande de base gruesa a fuego medio. Añade el ajo y el jengibre y sofríelos 30 segundos hasta que suelten su aroma, luego añade las setas shiitake y fríelas con cuidado 2-3 minutos. Añade las zanahorias, el repollo y la sal. Saltea 2-3 minutos más hasta que las verduras se ablanden y se evapore parte del agua. No llenes demasiado la sartén y deja suficiente espacio entre las verduras para que circule el aire.

Retira la sartén del fuego y pasa el sofrito a un cuenco grande. Deja templar antes de añadir los hongos de oreja de Judas y los ajos chinos (o puerro). Añade el resto de ingredientes para el relleno y remueve bien, luego déjalos en el frigorífico 15 minutos para que adquieran firmeza.

Coloca una oblea en la palma de la mano y dispón 1 cucharadita grande de relleno en el centro. Une los bordes de la oblea y presiona con cuidado para sellar la gyoza, formando más pliegues si lo deseas (véanse las fotos de las pp. 66-67). Dispón las gyoza listas, dejando un espacio de al menos 1 cm (½ in) entre ellas, sobre una bandeja forrada con papel vegetal. Repite el proceso hasta que acabes el relleno.

Para cocinar las gyoza, calienta 1 cucharada de aceite en una sartén antiadherente a fuego medio. Añade algunas gyoza, dejando una separación mínima de 1 cm (½ in) entre ellas, y cocínalas 3-4 minutos, para que las bases se doren y queden crujientes.

Añade suficiente agua hirviendo para llenar la sartén con una profundidad de 1 cm (½ in) con cuidado y alejando la cara de la sartén porque se producirá una nube de vapor caliente. Coloca la tapa, baja el fuego y deja cocer suavemente 6-8 minutos hasta que el agua se evapore. Deja freír las gyoza 1-2 minutos, luego retira del fuego y deja templar un poco para que se despeguen del fondo de la sartén y sea más fácil sacarlas. Mezcla los ingredientes para la salsa y sírvela junto con las gyoza.

## DAR FORMA A LAS GYOZA

# Won ton con aceite de pimienta de Sichuan

**SALEN** 25-30 · **PREPARACIÓN** 25 MIN + REFRIGERACIÓN · **COCCIÓN** 10-15 MIN

1 paquete de obleas para won ton (frescas, o congeladas y descongeladas)

**Para el relleno**

400 g (1 ¾ tazas) de carne de cerdo grasa (>15 % grasa) picada
1 trozo de jengibre fresco de 2,5 cm (1 in), pelado y rallado
1 diente de ajo, rallado
1 cucharadita de aceite de sésamo
1 cucharada de salsa de soja clara
2 cucharadas de vino de arroz de Shaoxing
½ cucharadita de azúcar moreno claro
1 cucharada de jugo de jalapeño encurtido
Una pizca de pimienta blanca recién molida
½ cucharadita de sal marina fina
1 puñado de ajos chinos, en láminas finas (o 100 g/1 ¾ tazas de la parte verde de un puerro troceada)
4 cucharadas de jalapeños encurtidos, troceados finos

**Para la salsa de aceite picante**

4 cucharadas de salsa de soja clara
4 cucharadas de vinagre de arroz negro Chinkiang
6 cucharadas de aceite picante (preferiblemente casero, véase la p. 180) o guindilla crujiente en aceite Lao Gan Ma
2 cucharaditas de pasta de sésamo (o tahina)
1 cucharada de azúcar moreno claro
1 diente de ajo, rallado

**Para servir**

2 cebolletas, picadas finas
1 cucharadita de pimienta de Sichuan molida
1 cucharada de semillas de sésamo, tostadas (véase la p. 13)
1 puñadito de cilantro, troceado (opcional)

**Utensilios especiales**

Robot de cocina (opcional)

**El éxito de este plato viene dictado por dos cosas: un buen aceite picante y un relleno sabroso. El resto es infalible. Es ideal para tomarlo a solas, de un gran bol, con cuchara, ¡y una servilleta! Estos won ton son perfectos para congelar (véase la nota de la p. 14), por lo que es aconsejable preparar una buena cantidad un domingo por la tarde sin prisas y poder degustarlos con ilusión un día entre semana ajetreado. La salsa también puede dejarse lista y se conserva en un recipiente hermético dentro del frigorífico. ¡El no va más para cuidarse comiendo!**

Pon todos los ingredientes para el relleno excepto los puerros y los jalapeños en un cuenco grande o robot de cocina con accesorio de pala. Bate la mezcla de carne de cerdo en una dirección hasta obtener una pasta pálida y pegajosa -unos 5 minutos a mano o 2-3 minutos con el robot-. La carne de cerdo absorberá todo el líquido; si no se forma una pasta, añade 2 cucharadas de agua y continúa batiendo. Añade los puerros y jalapeños para incorporarlos a la mezcla.

Prepara las obleas para won ton y una tacita con agua. Empieza disponiendo una cucharadita de relleno en el centro de la oblea. Moja el dedo en el agua y pásalo por el borde de la oblea. Pliega el won ton (véanse las fotos de las pp. 70-71), luego coloca los hatillos preparados en una bandeja forrada con papel vegetal.

Mezcla todos los ingredientes para la salsa de aceite picante. A mí me resulta más fácil hacerlo con la batidora de mano, pero puedes usar un batidor de mano o un tenedor. Solo hay que procurar que la pasta de sésamo (o tahina) quede bien incorporada (tiende a formar gránulos).

Lleva un cazo de agua a ebullición y añade los won ton. Cuando los paquetitos floten en la superficie, están listos: tardarán unos 4-5 minutos. Retira los won ton con una espumadera.

Sirve con la salsa de aceite picante y con la cebolleta y pimienta de Sichuan por encima, y añade las semillas de sésamo y el cilantro, si los usas.

## DAR FORMA A LOS WON TON

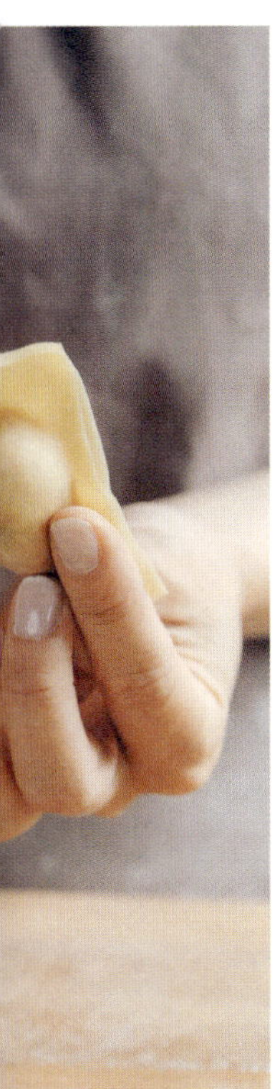

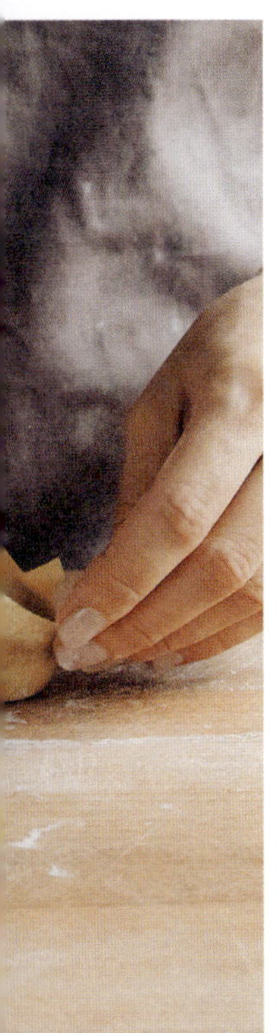

# Siu mai de carne de cerdo y gambas

**SALEN** 25-30 · **PREPARACIÓN** 25 MIN · **COCCIÓN** 10 MIN (POR TANDA)

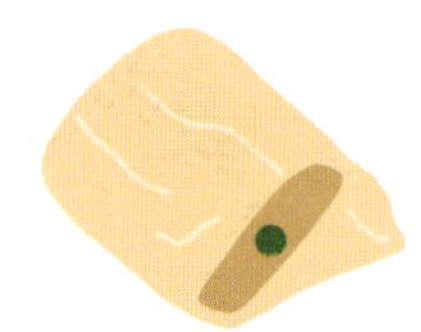

1 paquete de obleas para won ton (frescas, o congeladas y descongeladas)
25-30 guisantes congelados o 1 zanahoria mediana, pelada y troceada fina, para decorar

**Para el relleno**
200 g (⅔ de taza) de langostinos crudos pelados, frescos o congelados y descongelados
2 cebolletas, picadas finas
1 trozo de jengibre fresco de 2,5 cm (1 in), rallado
1 cucharadita de azúcar moreno claro
1 cucharadita de harina de maíz
1 cucharadita de aceite de sésamo
1 ½ cucharaditas de sal
200 g (¾ de taza) de carne de cerdo grasa (>20 % de grasa) picada
1 cucharada de salsa de soja clara
1 cucharada de vino de arroz de Shaoxing
2 cucharaditas de salsa de pescado
1 cucharada de gambas secas, picadas en forma de polvo grueso

**La receta cantonesa de siu mai es una estrella del dim sum. Es probable que hayas tomado siu mai en un restaurante tradicional como parte de un menú dim sum, como comida china para llevar o incluso procedentes de una bolsa de congelados. Y aunque no los hayas probado antes, seguramente los habrás visto –se reconocen fácilmente por su distintiva forma de saquito–. Yo compro las obleas para won ton hechas, finísimas, pero lo bastante resistentes para poder rellenarlas.**

Primero prepara el relleno. Añade la mitad de los langostinos en el vaso el robot de cocina con las cebolletas, el jengibre, el azúcar, la harina de maíz, el aceite de sésamo y 1 cucharadita de la sal. Tritura para obtener una pasta desigual. Corta el resto de langostinos en trozos de 1 cm (½ in), añádelos a la pasta y mézclalos con solo un par de pulsaciones. La segunda tanda de langostinos aportará una agradable textura.

En otro bol, bate la carne de cerdo con la salsa de soja, el vino de arroz, la salsa de pescado, 1 cucharada de agua y la ½ cucharadita restante de sal, hasta obtener una pasta pegajosa. Mezcla la pasta de langostinos con la de carne de cerdo e incorpora las gambas secas en polvo.

A continuación rellena las obleas. Forma un círculo con el pulgar y el índice y coloca una oblea encima. Mete 1 cucharada de relleno, creando una especie de tacita. Presiona con cuidado.

Dispón los siu mai en una vaporera forrada con papel vegetal. Pon un guisante sobre cada saquito, o ¼ de cucharadita de zanahoria picada, para decorar, luego cocínalos al vapor 10 minutos, hasta que el relleno quede bien cocido. Cómelos inmediatamente.

# Noodles

Sigue asombrándome la cantidad de cosas que se pueden hacer con harina, sal y agua. La forma de trabajarlas, el tiempo, nivel de pH e hidratación cambian el sabor y la textura de la pasta. Cuando se sabe cómo, lo que se puede crear con ellas resulta fascinante. Durante mucho tiempo, utilicé pasta al huevo de supermercado para todos los platos que preparaba, pero una vez empiezas a hacerlo tú, cuesta volver atrás. Por supuesto, siempre hay un momento y un lugar para la pasta comercial, solo que es posible que nunca más la disfrutes igual.

# Un poco de ciencia sobre los noodles

Aunque ya no sea mi principal ocupación profesional, mi mente aún trabaja en una nube de biología molecular. Si te interesa saber qué les ocurre a los noodles a un nivel molecular, continúa leyendo. Las recetas siguientes funcionan igual sin estos conocimientos, pero saber lo que ocurre en el interior del bol de preparación puede aportarte la confianza para experimentar un poco. Si la pasta no te sale como esperabas, esta información quizás te ayude a concluir por qué. La cocción -la modificación de los alimentos al juntar ingredientes o aplicarles calor- es una cuestión científica y sorprendente.

Ahí va:

## MEZCLAR HARINA Y AGUA

Cuando se añade agua a la harina, dos proteínas presentes en el cereal -la glutenina y la gliadina- se hidratan y se unen para formar el gluten. El gluten es una importantísima molécula para la preparación de la pasta alimenticia. Para preparar los noodles, es tu mejor aliado.

Al continuar mezclando agua y harina, las moléculas de gluten entran en contacto entre ellas y se unen para formar cadenas largas de gluten. Estas cadenas son enormemente extensibles y elásticas. Imagina una goma elástica.

## MANIPULAR LA MASA (AMASAR)

Al trabajar la masa y favorecer la creación de más cadenas de gluten, estas establecen fuertes uniones con las cadenas vecinas. Así se forma una estrecha red de cadenas de gluten. Imagina una bola hecha de gomas elásticas.

Al seguir amasando, va aumentando el número de uniones de gluten. En esta fase, la masa se romperá si intentas estirarla. Es la prueba de que existe la red de cadenas de gluten. Imagina que intentas estirar la bola de gomas elásticas: ¡no podrás!

## REPOSAR LA MASA

Cuando la masa reposa, las enzimas presentes en el grano de trigo entran en acción y rompen algunas de las uniones entre las cadenas de gluten, lo cual permite que las cadenas se muevan con mayor libertad. Imagina que ahora las gomas elásticas están dispuestas unas a continuación de otras en lugar de estar tejidas entre sí. Si cogieras dos gomas no atadas, podrías estirarlas, ¿no? Por eso, la masa se vuelve elástica al dejarla reposar el tiempo adecuado.

## EN RESUMEN

**Manipular la masa**, o sea, amasar
= formación de uniones = masa compacta

**Reposar la masa**
= deterioro de uniones = masa elástica

Cuando se comprenden los fundamentos de la ciencia acerca de la formación del gluten, se pueden aplicar a la preparación de la pasta para conseguir la textura y propiedades que se busquen: consistente, suave, flexible, firme.

## INGREDIENTES ADICIONALES

Todas las recetas de noodles de esta sección contienen dos ingredientes: harina y agua. Cualquier ingrediente adicional se incluye para modificar o potenciar las propiedades de la masa, y la manera en que se procesan estos ingredientes afectará al desarrollo del gluten para obtener el tipo de pasta que se busca.

### OTROS FACTORES

Otros muchos procesos moleculares tienen lugar en la masa, y numerosas cosas pueden afectarlos: la dureza del agua, la cantidad de sal o la variedad de trigo, por ejemplo. Podría alargarme mucho con este tema, pero mientras seamos conscientes de los fundamentos básicos, no necesitamos aventurarnos más por ahora.

### RIBOFLAVINA

La riboflavina es una vitamina B que se presenta en cápsulas en forma de polvo de color amarillo. Al añadirla a la pasta, se le proporciona un bonito tono amarillo, que recuerda los noodles chinos al huevo, sin modificar su sabor ni afectar la hidratación. Se pueden adquirir estas cápsulas por internet o en los establecimientos de alimentación saludable.

### HIDRATACIÓN

El contenido de agua es importante en la elaboración de pasta: si contiene un 42 por ciento de hidratación, significa que por cada 100 g (¾ de taza) de harina, se añaden 42 g (1 ½ oz/2 ½ cucharadas) de agua. Un 42 por ciento de hidratación es relativamente alto para unos noodles ramen, pero sería demasiado bajo para unos tallarines biang biang. El nivel de hidratación afecta las características generales de la pasta, incluida la textura, aspecto y elasticidad. Además, afecta enormemente el proceso de elaboración de la pasta: cuanto más bajo sea el contenido de agua, más largo y difícil será el proceso de elaboración; cuanto más alto sea el contenido de agua, más fácil será la manipulación de la masa. Algunos fabricantes de noodles ramen reducen la hidratación hasta el 30 por ciento, lo que da como resultado una pasta tensa y firme. Para mí, son ganas de sufrir.

## Acerca del kansui

Al añadir sal alcalina a la masa, se modifica su pH, aumentando la formación de uniones entre las cadenas de gluten y formando una red más firme y apretada. Con ello se consigue una pasta más consistente y elástica que absorberá el agua más lentamente, perfecta para tomarla bañada con sopa caliente, y los noodles ramen (véase la p. 90) son ideales para este propósito. En los procesos de producción industrial de noodles, se emplea una combinación de sales alcalinas en función de las propiedades que se desean conferir a los fideos, ya sea grosor, finura, dureza o blandura. Al preparar estos noodles caseros, les añadimos kansui -mezcla alcalina a base de carbonato de potasio y bicarbonato de sodio- a la masa. La sal kansui puede comprarse pero es muy fácil hacerla en casa.

### HACER KANSUI EN CASA

Espolvorea 100 g (4 oz) de bicarbonato sódico sobre una bandeja de horno forrada con papel de aluminio y hornéalo (en el horno precalentado a 120 °C/250 °F/Gas ½) durante 1 hora. Al calentarse, el bicarbonato sódico se convierte en carbonato de sodio, una sal alcalina que puede emplearse para cambiar el pH de la masa para pasta y hacerla más firme. La sustancia en polvo perderá alrededor de una cuarta parte de su peso.

Retira el kansui del horno y pásalo a un tarro hermético limpio doblando el papel de aluminio y vertiéndolo en el tarro (con cuidado de evitar el contacto con la piel). Sella con la tapa y usa el kansui como se indique en la receta. Esta sal se conserva hasta un mes. No dejes el tarro abierto demasiado tiempo porque el kansui absorberá humedad si está en contacto con el aire y será menos eficaz.

# Noodles de huevo

**V · SALEN** 400G (14 OZ) DE PASTA PARA 4 RACIONES

**PREPARACIÓN** 30 MIN + REPOSO

**COCCIÓN** 2 MIN

**Utensilios especiales**
Máquina para hacer pasta, y robot de cocina (opcional)

- 275 g (9 ¾ oz/2 ¼ tazas) de harina con alto contenido de gluten (como harina de fuerza)
- 2 yemas de huevo (de huevos ecológicos, a ser posible, ¡las yemas son más brillantes!)
- ½ cucharadita de kansui (véase la p. 77; opcional)
- Fécula de patata o harina de maíz, para espolvorear
- 3 g (0,1 oz) de sal

**Estos noodles de huevo son similares a los que suelen servir en platos chow mein y otros platos chinos para llevar occidentalizados. Como la mayoría de recetas de pasta de este libro, en realidad son más fáciles de preparar de lo que crees y están más ricos que los que se comercializan. Pero lo mejor es que resultan increíblemente versátiles.**

Añade la harina a un cuenco grande e incorpora la sal. Echa alrededor de 110 ml (½ taza) de agua en una jarra medidora y añade las yemas de huevo y el kansui (si lo usas) y bate. El volumen total de todos los ingredientes húmedos no debería ser superior a 120 ml (½ taza). Si utilizas huevos grandes, es posible que debas añadir menos agua, o más si los huevos son pequeños.

Incorpora gradualmente los ingredientes húmedos a la harina. Puedes emplear la pala del robot de cocina para ello. Cuando se formen franjas secas, forma una bola con la masa. Para hacerlo, aplica presión con la palma de la mano en un movimiento hacia abajo. Continúa haciendo este gesto hasta que toda la masa quede unificada en una bola. Cubre el bol con un trapo de cocina limpio humedecido y deja reposar 15 minutos.

Mientras tanto, prepara la máquina de hacer pasta. Fíjala bien a la superficie de trabajo, porque la masa es extremadamente dura.

Saca la masa del bol. Con un rodillo, presiónala con firmeza, por partes, hasta que sea lo bastante fina para pasar por la máquina en el modo más ancho, luego mete la masa por el rodillo. La masa que sale te parecerá bastante irregular y basta, ¡no pasa nada! Si la lámina se ha separado o se ha agujereado, no te preocupes. Pásala de nuevo en modo ancho y repite este paso hasta conseguir una lámina entera sin agujeros. Ahora programa la máquina en el siguiente modo más estrecho y pasa la lámina, luego reduce a más estrecho, al tercer nivel, y pasa la masa por la máquina una última vez.

Ahora dobla la masa por la mitad, a lo largo, y pásala por la máquina en el modo más ancho. Repite el mismo proceso de doblar y pasar por la máquina hasta obtener una lámina de masa suave y de textura homogénea. Los extremos de la lámina habrán quedado secos y quebrados, pero es normal. Con cuidado, dobla la lámina por la mitad y deja reposar 30 minutos, cubierta con un trapo de cocina o papel film transparente.

Una vez reposada la lámina de masa, desdóblala y pásala por la máquina de hacer pasta ajustada al grosor final deseado, antes de cortarla en fideos. En mi máquina, la función 4 es para un fideo grueso, la 5 para uno mediano y la 6 para un fideo fino. El grosor de la pasta lo dictará la receta para la que vayas a usarla.

Para hacer los noodles, pasa la masa por el accesorio cortador. Espolvoréalos ligeramente con fécula de patata o harina de maíz para que queden separados.

Para cocerlos, añádelos a una olla con agua salada hirviendo y cocínalos al dente (entre 1½ y 2 minutos, dependiendo del grosor), luego incorpóralos al plato. La pasta puede conservarse en el frigorífico hasta 4 días (y la textura suele mejorar mucho si se deja toda la noche).

# Noodles cortados a mano

**VG · SALEN** APROX. 420 G (15 OZ) DE PASTA PARA 4 RACIONES

**PREPARACIÓN** 30-35 MIN + REPOSO

**COCCIÓN** 1 ½ MIN

300 g (11 oz/2 ½ tazas) harina con alto contenido de gluten (como harina de fuerza)
Fécula de patata o harina de maíz, para espolvorear
3 g (0,1 oz) de sal

**Para estos noodles no hacen falta utensilios ni ingredientes especiales, por lo que son ideales cuando solo existe la opción de usar harina, agua y juego de codos. Si no dispones de rodillo, ¡utiliza una botella de vino!**

Añade la harina a un cuenco grande e incorpora la sal. Remueve con palillos o un tenedor para deshacer los grumos grandes. Echa alrededor de 120 ml (½ taza) de agua poco a poco hasta que la mezcla vaya adquiriendo cuerpo; deja de echarla en cuando puedas formar una bola con la masa y los lados del bol estén limpios. La masa no debería deshacerse ni quedar seca o pegajosa.

Amasa durante 10-15 minutos (véase la nota más abajo). Esta masa es bastante firme, de modo que trabajarla requiere cierto esfuerzo. Yo me siento en una silla y me ayudo con el peso del cuerpo, o puedes imitar a algunos chefs japoneses cuando preparan udon: hacerlo con los pies. Si te resulta demasiado dura para amasarla, déjala reposar 15 minutos, y luego vuelve a intentarlo. Cuando la masa esté suave, déjala reposar 30 minutos en una bolsa de plástico de cierre fácil, o en un bol cubierto con un trapo de cocina limpio humedecido.

Empieza con la mitad de la masa (deja el resto cubierto como estaba), extiéndela sobre una superficie de trabajo enharinada hasta lograr un grosor fino de 1-2 mm (alrededor de 1⁄16 in). Lo ideal es que la masa sea más larga que ancha, aunque no es esencial. ¡Alisar la masa requerirá fuerza y paciencia! Puedes usar una máquina para pasta, pero he comprobado que se tarda más que con el rodillo.

Una vez extendida la masa, espolvoréala con abundante fécula de patata o harina de maíz y dóblala a lo largo cuatro o cinco veces, de modo que mida unos 8 cm (3 in) de ancho. Con un cuchillo afilado, ve cortando la masa en noodles del grosor deseado, teniendo en cuenta que crecen al cocerlos. Yo suelo cortar la masa en tiras de 1-2 mm (sobre 1⁄16 in) para noodles finos u 8 mm (⅓ in) para noodles anchos.

Despliega los noodles y cúbrelos con fécula, luego prepara la segunda mitad de la masa del mismo modo. Al terminar, sacude el exceso de fécula y cocina los noodles en una olla con agua salada hirviendo durante 1½ minutos y sirve.

### NOTA

Es fácil desanimarse al cabo de 5 minutos de trabajar la masa si no adquiere el aspecto esperado. ¡Sigue adelante! Amasar es importante para distribuir uniformemente el agua en la harina, y para que se formen las cadenas de gluten (véase la p. 76). Si la masa parece grumosa, significa que el agua todavía no está bien distribuida.

# Noodles biang biang

**VG · SALEN** 360 G (12 ½ OZ) DE PASTA PARA 4 RACIONES

**PREPARACIÓN** 40 MIN + REPOSO

**COCCIÓN** 1-2 MINUTOS

**Utensilios especiales**
Robot de cocina (opcional)

240 g (8 ½ oz/2 tazas) de harina con alto contenido de gluten (como harina de fuerza)
200 ml (¾ de taza) de aceite de sabor neutro
2 g (0,07 oz) de sal

**El largo período de reposo de esta masa permite que las enzimas del trigo hagan su efecto en las cadenas de gluten para conseguir una masa suave y dúctil (véase la p. 76). Al cabo de 2-3 horas, la masa será extraordinariamente elástica, de modo que nos permitirá crear unos noodles largos, ondulados y sedosos. Recuerda que manipular la masa significa crear más cadenas de gluten, cosa que resta elasticidad a la masa y la hace más difícil de estirar, por eso es importante manipularla lo mínimo después del período de reposo. Básicamente, ¡solo hay una oportunidad para estirarla!**

**Estos noodles requieren práctica. La masa se estira hasta cierto punto antes de que las cadenas de gluten empiecen a tensarse, y lo notarás con un poco de práctica. La masa empieza a rasgarse. Cuando el gluten empiece a tirar, hay que golpear enseguida la masa contra la superficie de trabajo: el golpe detiene temporalmente la formación de cadenas, y es la ocasión de estirar un poco más la masa. El sonido de la masa contra la encimera es lo que da el maravilloso nombre a esta pasta. ¡Una perfecta onomatopeya!**

**Los noodles biang biang deben cocinarse y comerse justo después de prepararlos. No les sienta bien reposar ni viajar. La masa puede prepararse con antelación, pero una vez se le ha dado forma, debe echarse enseguida a la olla con agua salada hirviendo. Aconsejo tenerla a punto.**

En un cuenco grande mezcla la harina con la sal y 120 ml (½ taza) de agua poco a poco hasta que la mezcla vaya adquiriendo cuerpo. Puedes usar un robot de cocina, si lo prefieres. Amasa durante unos 10 minutos hasta que quede suave y de textura homogénea. Divide la masa en cuartos, cada uno de unos 90 g (3 ½ oz), y dales forma de salchichas cortas. Ponlas en una bolsa de plástico de cierre fácil, o un bol, y recúbrelas con un poco de aceite de sabor neutro. Cubre la masa del bol (si lo usas) con un trapo de cocina limpio humedecido y déjala reposar 2-3 horas.

Una vez reposada la masa, se volverá suave y extensible. Unta la superficie de trabajo con un poco de aceite de sabor neutro. Aplana cada cuarto de masa dándole forma ovalada, de unos 20 cm × 10 cm (8 in × 4 in). Su aspecto recordará al pan naan indio. Con toda la largada del rodillo, marca una hendidura a lo largo de la masa pero sin cortarla: esto ayudará a cortar la pasta por la mitad una vez estirada. Deja reposar la masa tal cual durante 5 minutos mientras haces lo mismo con las otras tres partes de masa.

Toma una porción de masa extendida y, sujetándola con firmeza por cada extremo, tira con fuerza. Al estirar la masa, notarás que empieza a tirar: esto suele suceder cuando ha llegado a la anchura de los hombros. En este punto, golpéala contra la superficie de trabajo antes de darle otro tirón. Continúa hasta que notes la resistencia de la masa y luego rasga la masa por la mitad a lo largo de la hendidura marcada antes con el rodillo. Así obtendrás ocho noodles larguísimos listos para cocer.

Cocina los ocho enseguida en una olla con agua salada hirviendo durante 1-2 minutos, luego sirve con la receta elegida.

# Noodles ramen

**VG · SALEN** 2 PORCIONES DE 140 G (4 ¾ OZ) PARA 4 RACIONES

**PREPARACIÓN** 30 MIN + REPOSO

**COCCIÓN** 2 MIN

**Utensilios especiales**

Máquina para hacer pasta, y robot de cocina (opcional)

198 g (7 oz/1 ½ tazas) de harina con alto contenido de gluten (como harina de fuerza)
1 g (0,03 oz) de kansui (véase la p. 77)
½ cápsula de riboflavina, para aportar color (opcional)
Fécula de patata o harina de maíz, para espolvorear
1 g (0,03 oz) de sal

**La palabra «ramen» viene de la expresión china *la mian*, que significa «fideo estirado a mano» e indica que esta pasta es originaria de China. En la actualidad el ramen, firmemente enraizado en la cultura japonesa, es una entidad por sí solo que funciona con sus propias normas. La variedad de noodles ramen que se encuentra en las tiendas de Japón es amplísima. Los hay finos y muy duros, otros gruesos y más tiernos, unos ondulados y otros lisos. Los noodles son el mejor compañero para la sopa y un verdadero maestro del ramen sabe crear el fideo de consistencia y elasticidad perfectas para el caldo.**

Mezcla la harina y el kansui en un cuenco grande con la sal, 86 ml (⅓ de taza) de agua y la riboflavina (si la usas) hasta que se formen trozos bastos. Puedes emplear la pala del robot de cocina para ello. Cuando se formen franjas secas, forma una bola con la masa. Para hacerlo, aplica presión con la palma de la mano en un movimiento hacia abajo. Continúa haciendo este gesto hasta que toda la masa queda unificada en una bola. Cubre el bol con un trapo de cocina limpio humedecido y deja reposar 15 minutos. Mientras tanto, prepara la máquina de hacer pasta. Fíjala bien a la superficie de trabajo, porque la masa es extremadamente dura.

Saca la masa del bol. Con un rodillo, presiónala con firmeza, por partes, hasta que sea lo bastante fina para pasar por la máquina en el modo más ancho, luego mete la masa por el rodillo. La masa que sale te parecerá bastante irregular y basta, pero no pasa nada. Si la lámina se ha separado o se ha agujereado, no te preocupes. Pásala de nuevo en modo ancho y repite este paso hasta conseguir una lámina entera sin agujeros. Ahora programa la máquina en el siguiente modo más estrecho y pasa la lámina, luego reduce a más estrecho, al tercer nivel, y pasa la masa por la máquina una última vez.

Ahora dobla la masa por la mitad, a lo largo, y pásala por la máquina en el modo más ancho. Repite el mismo proceso de doblar y pasar por la máquina hasta obtener una lámina de masa suave y de textura homogénea. Los extremos de la lámina habrán quedado secos y quebrados, pero es normal. Con cuidado, dobla la lámina por la mitad y deja reposar 30 minutos, cubierta con un trapo de cocina o papel film transparente.

Una vez reposada la lámina de masa, desdóblala y pásala por la máquina de hacer pasta ajustada al grosor final deseado, antes de cortarla en fideos. En mi máquina, la función 4 es para un fideo grueso, la 5 para uno mediano y la 6 para un fideo fino. El grosor de la pasta lo dictará la receta para la que vayas a usarla.

Para hacer los noodles, pasa la masa por el accesorio cortador. Espolvoréalos ligeramente con fécula de patata o harina de maíz para que queden separados. Los fideos ramen mejoran con la «edad»: déjalos reposar 24 horas para perfeccionar la textura. Se conservan hasta 5 días en el frigorífico, pero pueden consumirse enseguida.

Para cocer los noodles, añádelos a una olla con agua salada hirviendo y cocínalos al dente (entre 1 ½ y 2 minutos, depende del grosor). Acláralos con agua fría y sirve con la receta elegida.

# Noodles al wok con ternera y pak choi

**RACIONES** 4 · **PREPARACIÓN** 10 MIN + REMOJO + MARINADO · **COCCIÓN** 15 MIN

350-400 g (12-14 oz) de carne de ternera (falda, vacío o filete), cortada perpendicular a la fibra en tiras de unos 3 mm (⅛ in) de ancho
1 cucharada de harina de maíz
1 cucharada de vino de arroz de Shaoxing
2 cucharaditas de salsa de soja clara
15 g (½ oz) de setas secas, remojadas en 100 ml (½ taza) de agua hirviendo
3 cebolletas
Unos 400 g (14 oz) de noodles frescos cortados a mano (véase la p. 82) o noodles gruesos secos de trigo
2 cucharadas de aceite de sabor neutro
3 dientes de ajo, en láminas finas
400 g (14 oz) de pak choi (bok choy), hojas sueltas

**Para la salsa**
2 cucharadas de salsa de soja clara
2 cucharaditas de salsa de soja oscura
4 cucharadas de salsa de ostra
2 cucharaditas de aceite de sésamo
2 cucharaditas de azúcar moreno claro
Una pizca de pimienta blanca recién molida

**Este plato recuerda el chow mein de ternera chino, pero es más rápido de preparar. Los primeros pasos para ablandar la carne favorecen una textura y sabor asombrosos, mientras que la cocción de la carne por separado garantiza que se mantenga tierna. Pequeños trucos como estos te ayudarán a conseguir en casa calidad de restaurante. Me gusta servir el plato con noodles frescos cortados a mano para crear una agradable variedad de texturas, pero también le van bien unos noodles gruesos secos.**

Empieza ablandando la carne. Ponla en un bol con la harina de maíz, vino de arroz y salsa de soja, combínalo bien todo y déjalo marinar mientras preparas los demás componentes del plato.

Mezcla todos los ingredientes para la salsa en un bol poco hondo o una taza. Escurre las setas rehidratadas y reserva el líquido del remojo. Corta las cebolletas en secciones de 4 cm (1 ½ in), luego córtalas a lo largo para obtener bastoncitos finos.

Cocina los noodles al dente según las instrucciones de la p. 85 o del paquete y luego escúrrelos. No los cocines hasta que se ablanden, porque seguirán cociéndose en el wok. Escúrrelos con abundante agua fría hasta que queden completamente fríos (así no se pegarán), luego reserva.

Calienta el wok a fuego alto y añade 1 cucharada del aceite de sabor neutro. Añade la ternera marinada y remueve sin parar durante 2-3 minutos o hasta que la carne se dore y adquiera un aspecto crujiente. Retira la carne del wok y reserva, luego limpia el wok.

Pon la otra cucharada de aceite en el wok a fuego alto. Añade el ajo y sofríelo brevemente hasta que desprenda su aroma (20 segundos), seguido de la col pak choi (bok choy) y las setas rehidratadas, y cuécelo junto un minutos o dos más. Remueve los ingredientes para que no se quemen. Añade los noodles, seguidos de la salsa y el líquido de remojo de las setas. Agrega la carne al wok. Remuévelo un par de veces y deja cocer 1-2 minutos hasta que la salsa burbujee y reduzca un poco. Añade las cebolletas y remueve. Retira del fuego y sirve.

# Lo mein vegetariano

**V · RACIONES** 4 · **PREPARACIÓN** 10 MIN · **COCCIÓN** 10 MIN

2 cucharadas de salsa de soja clara
2 cucharaditas de salsa de soja oscura
1 cucharadita de azúcar moreno claro
Unos 400 g (14 oz) de noodles de huevo frescos (véase la receta de la p. 78), o 250 g (9 oz) de noodles de huevo secos
2 cucharaditas de aceite de sésamo
1 cucharada de aceite de sabor neutro
1 trozo de jengibre fresco de 2,5 cm (1 in), pelado y rallado
3 cebolletas: 2 en juliana y 1 en rodajas finas
2 dientes de ajo, rallados
150 g (5 oz) de setas (cualesquiera; yo usé de ostra), en láminas
150 g (5 oz) de pak choi (bok choy) u otra verdura de hojas verdes (espinacas o brócoli de brotes morados), en láminas
1 pimiento rojo, en juliana
1 pimiento naranja, en juliana
1 cucharada de vino de arroz de Shaoxing
2 cucharaditas de semillas de sésamo, para decorar

**Esta receta es perfecta como cena entre semana o como alternativa rápida y económica a una cena de viernes para llevar. El plato ofrece un aspecto y sabor muy parecidos al chow mein, y los ingredientes también son similares. El método de cocción, no obstante, es diferente. Mientras que *lo* en chino significa «revolver», *chow* significa «freír». Los noodles lo mein se hierven por separado y luego se añaden a las verduras cocidas y la salsa, y se revuelve todo. Por el contrario, los noodles chow mein se fríen en seco junto con la carne y las verduras, y se cuecen en el wok.**

Mezcla las salsas de soja con el azúcar en una taza o un bol poco hondo con unas gotas de agua caliente para que se disuelva el azúcar.

Cocina los noodles al dente según las instrucciones de la p. 81 o del paquete. Escurre y aclara con agua fría, luego añade el aceite de sésamo a la pasta cocida y remueve. Así se evita que se peguen.

Calienta el aceite de sabor neutro en un wok o sartén grande a fuego alto. Añade el jengibre y remueve rápido, enseguida echa la cebolleta en juliana y el ajo, las setas y pak choi (bok choy). Sofríelo 3-4 minutos hasta que las setas oscurezcan un poco y la col empiece a ponerse mustia. Añade los pimientos rojo y naranja, y sigue removiendo sin cesar. Agrega el vino de arroz y deja que burbujee.

Pasado un minuto, incorpora los noodles, seguidos de la mezcla de salsa de soja, y remuévelo todo. Sofríe 1 minuto más. Sirve inmediatamente, decorado con las rodajitas de cebolleta y semillas de sésamo.

**NOTA**
Puedes añadir o sustituir cualquiera de las verduras de la receta: brotes de soja, zanahorias, brócoli, tirabeques, castañas de agua, etc.

# Yakisoba para el desayuno (o cualquier otro momento)

**RACIONES** 4 · **PREPARACIÓN** 10 MIN + REMOJO · **COCCIÓN** 15 MIN

Unos 400 g (14 oz) de noodles de huevo frescos medianos (véase la receta de la p. 78), o 250 g (9 oz) de noodles de huevo secos
4 setas shiitake secas o 2 puñados de setas secas variadas, remojadas en 200 ml (¾ de taza) de agua hirviendo
Aceite de sabor neutro, para freír
200 g (7 oz) de panceta, en láminas finas (véase nota)
½ cebolla blanca pequeña, en láminas
½ repollo chino, en trozos de 2,5 cm (1 in)
4 huevos

**Para la salsa**
1 cucharada de aceite de sésamo
1 cucharadita de dashi en polvo
2 cucharadas de salsa de soja clara
3 cucharadas de salsa tonkatsu
1 cucharada de salsa de ostra
2 cucharadas de mirin
1 cucharada de sake
1 cucharada de salsa de pescado

**Para servir**
2 cucharadas de semillas de sésamo, tostadas (véase la p. 13)
1 puñadito de copos katsuobushi, chafados
1 lámina de alga nori, tostada y molida (véase la p. 11)

**En algunas partes de Japón, los yakisoba –noodles a la plancha– se preparan sobre una placa caliente llamada teppan. Con un wok grande caliente imitaremos esta cocción para churruscar ligeramente los ingredientes y conseguir así el fabuloso sabor y aire de comida callejera de este plato.**

Cocina los noodles al dente según las instrucciones de la p. 81 o del paquete. Acláralos con abundante agua fría y reserva.

En una taza o bol pequeño, mezcla todos los ingredientes para la salsa. Escurre las setas rehidratadas y reserva el líquido del remojo. Añade este líquido a la taza o bol y reserva.

Calienta 1 cucharada del aceite de sabor neutro en un wok a fuego alto. Añade la panceta y fríela 2-3 minutos hasta que se dore. Agrega la cebolla y sofríe 2 minutos, luego añade las setas y la col, y sofríelo todo junto 2 minutos más. Incorpora los noodles cocidos y sigue sofriendo: es posible que se churrusquen un poco, pero eso aportará más sabor al plato. Remueve los ingredientes, luego añade la salsa y déjala reducir hasta que quede lustrosa y justo recubra los noodles.

Mientras la salsa espesa, echa un poco de aceite de sabor neutro en otra sartén y fríe los huevos a fuego alto de modo que los bordes queden crujientes.

Sirve los noodles con un huevo frito encima por persona y espolvorea con las semillas de sésamo, los copos katsuobushi y el alga nori molida.

**NOTA**
Si tienes sobras de Cerdo asado char siu (véase la p. 187), puedes usarlo en lugar de la panceta.

# Noodles de arroz Singapur mei fun

**RACIONES** 4 · **PREPARACIÓN** 10 MIN + REMOJO · **COCCIÓN** 15-20 MIN

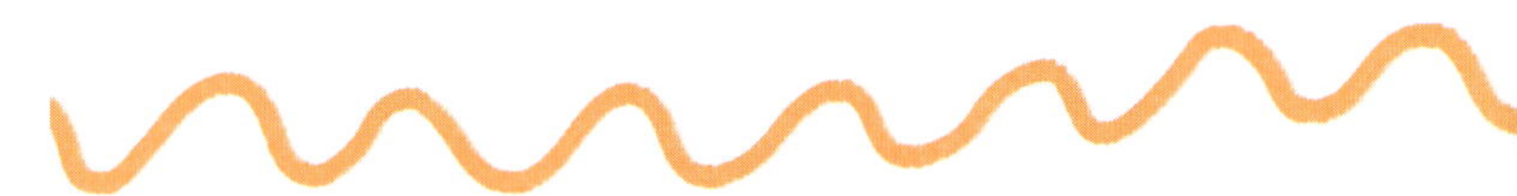

4-5 nidos de noodles de arroz extrafinos
Aceite de sabor neutro, para freír
2 huevos, batidos
1 cucharada de cúrcuma molida
1 cebolla blanca, en láminas
1 chile rojo alargado, sin semillas y en rodajas
1 diente de ajo, rallado
1 cucharadita de curri suave en polvo
165 g (½ taza) de langostinos crudos pelados, frescos o congelados y descongelados
1 pimiento rojo pequeño, en juliana
1 zanahoria pequeña, pelada y en juliana
1 puñado de brotes de soja
1 cucharada de vino de arroz de Shaoxing
120 g (4 ½ oz) de Cerdo asado char siu (véase la p. 187), en dados de 1 cm (½ in)
2 cebolletas, en juliana, para servir

**Para la salsa**
1 cucharada de salsa de ostra
1 cucharada de salsa de soja clara
2 cucharaditas de vinagre de arroz negro Chinkiang
1 cucharadita de aceite de sésamo tostado
Una pizca de pimienta blanca recién molida
½ cucharadita de azúcar moreno claro

**Este plato de noodles al estilo de Singapur se distingue por su color amarillo y sabor a curri. Es común en restaurantes de Hong Kong y el sur de China, donde los noodles de arroz se consumen con frecuencia dada la abundancia de arrozales en aquellas regiones (a diferencia de los productos elaborados con trigo, que son más populares en las regiones del norte de China). He aquí mi versión de la receta clásica.**

Remoja los noodles en agua hirviendo según las instrucciones del paquete hasta que queden al dente. Es importante no cocerlos demasiado al hervirlos, ya que acabarán de ablandarse en el wok. Escúrrelos y acláralos con abundante agua fría para evitar que se peguen, y luego resérvalos.

Combina todos los ingredientes para la salsa en una taza o bol pequeño, remueve para que se disuelva el azúcar y luego reserva.

Calienta una cucharadita de aceite de sabor neutro en un wok o sartén antiadherente caliente y añade los huevos batidos. Espolvorea por encima 1 cucharadita de la cúrcuma y enseguida revuélvelos justo para que cuajen, luego retira del fuego y reserva.

Calienta un poco más de aceite en el wok a fuego alto y sofríe rápidamente la cebolla durante 2-3 minutos, dejando que se churrusque un poquito. Añade el chile y sofríe 30 segundos, luego agrega el ajo, el curri en polvo y la cúrcuma restante; no dejes de remover con una cuchara de madera.

Echa los langostinos al wok y cocínalos 1-2 minutos hasta que se vean translúcidos. Añade el pimiento rojo, la zanahoria y los brotes de soja, y sofríe 30 segundos. Incorpora el vino de arroz y deja que burbujee, luego añade la carne de cerdo, seguida de los noodles de arroz. Remueve los ingredientes del wok para que queden bien mezclados. Todo debe adquirir un bonito tono amarillo. Añade la salsa y deja reducir un poco. Una vez seco el wok, añade los huevos revueltos y mezcla.

Retira del fuego y añade las cebolletas para servir.

# Noodles con aceite de cebolleta

**RACIONES** 2 · **PREPARACIÓN** 5 MIN · **COCCIÓN** 15 MIN

Unos 200 g (7 oz) de noodles ramen frescos gruesos (véase la receta de la p. 90), o 120 g (4 ½ oz) de noodles de trigo gruesos secos (2 nidos)
75 ml (⅓ de taza) de aceite de sabor neutro
4 cebolletas, en juliana, separadas las partes blanca y verde
1 cucharadita de sal marina fina
Una pizca de pimienta blanca recién molida
2 cucharadas de gambas secas (opcional), remojadas
1 diente de ajo, rallado
2 cucharadas de salsa de soja clara
2 cucharaditas de salsa de soja oscura
1 cucharada de azúcar moreno claro

**Este homenaje al clásico plato de Shanghái es increíblemente simple, pero sorprendentemente gustoso. Además, es rapidísimo de preparar. Su olor me trae a la memoria mis paseos por las callejuelas de Shanghái, un recuerdo que revivo divertida mientras saboreo en la cama un gran bol, con el mentón salpicado de aceite.**

Cocina los noodles al dente según las instrucciones de la p. 93 o del paquete. Escurre y aclara con abundante agua fría para que no se peguen, luego reserva.

Calienta el aceite en un wok o una sartén honda grande a fuego medio-alto. Añade las partes blancas de la cebolleta y fríelas 1-2 minutos hasta que empiecen a dorarse, luego retíralas de la sartén con una espumadera. Pasan de dorarse a quemarse en un momento, de modo que debes vigilar. Escúrrelas sobre papel de cocina. Repite la cocción con las partes verdes de la cebolleta, que se cocinan mucho más rápido. Retíralas y deja escurrir sobre papel de cocina, luego condimenta toda la cebolleta cocida con la sal y la pimienta blanca. Si las usas, fríe las gambas 3-4 minutos, hasta que queden tostadas y aromáticas, y reserva con las cebolletas.

Baja un poco el fuego, añade el ajo al aceite y fríe 1 minuto hasta que suelte su aroma. Añade las salsas de soja y el azúcar, y sigue cocinando hasta que la mezcla burbujee y espese.

Retira la sartén del fuego y añade los noodles a la mezcla, removiendo bien. Acaba echando la cebolleta y la gamba frita por encima.

# Noodles taiwaneses a la marinera

**RACIONES** 4 · **PREPARACIÓN** 10 MIN · **COCCIÓN** 10-15 MIN

Unos 400 g (14 oz) de noodles de huevo frescos medianos (véase la receta de la p. 78), o 250 g (9 oz) de noodles de huevo secos
1 cucharada de aceite de sabor neutro
1 trozo de jengibre fresco de 2,5 cm (1 in), pelado y rallado
2 dientes de ajo, rallados
1 chile rojo, sin semillas y troceado fino
180 g (6 oz) de langostinos crudos pelados, frescos o congelados y descongelados
150 g (5 oz) de calamar, limpio, en trozos de 2,5 cm (1 in) y marcado
1 zanahoria pequeña, pelada y en juliana
1 × 200 g (7 oz) lata de setas paja de arroz, escurridas y partidas por la mitad
4 cucharadas de vino de arroz de Shaoxing
4 vieiras grandes, cortadas por la mitad a lo largo
1 puñado de hojas de albahaca tailandesa, rasgadas, para servir

**Para la salsa**
2 cucharadas de salsa XO (véase la receta de la p. 181)
2 cucharadas de salsa de soja clara
1 cucharada de azúcar moreno claro
1 cucharada de salsa de ostra
Una pizca de pimienta blanca recién molida

**Taiwán es un crisol de culturas por su situación geográfica, movimientos migratorios y a causa de las guerras, y eso se refleja en su gastronomía. Pero a pesar de ello, la cocina taiwanesa conserva rasgos distintivos, con sabores y platos fantásticos. En la costa, se encuentran mercados de pescado donde los vendedores ofrecen noodles preparados con simples aliños y lo que se haya pescado aquel día. En sintonía con la filosofía que ha inspirado esta receta, sustituye con total libertad los ingredientes indicados por los que tengas a mano o lleguen frescos a tu mercado.**

Cocina los noodles al dente según las instrucciones de la p. 81 o del paquete. Escurre y aclara con abundante agua fría para que no se peguen, luego reserva.

Combina todos los ingredientes para la salsa en una taza o bol poco hondo y reserva.

Calienta el aceite en un wok o una sartén a fuego alto. Añade el jengibre, el ajo y el chile y sofríe 1 minuto hasta que suelten su aroma pero sin dorarse. Agrega los langostinos y sofríe 30-45 segundos hasta que queden translúcidos, luego añade el calamar, seguido de la zanahoria y las setas, y sofríe 30 segundos más. Remueve sin parar para que no se queme el sofrito. Vierte el vino de arroz y deja que reduzca, y entonces añade las vieiras y cocínalas 1 minuto.

Añade los noodles cocidos a la sartén y mézclalos con el resto de ingredientes. Echa la salsa y deja que burbujee: si queda demasiado espesa, añade un poco de agua caliente. Una vez la salsa espese un poco, retira la sartén del fuego y sirve con las hojas de albahaca por encima.

# Zha jiang mian

**RACIONES** 2 · **PREPARACIÓN** 10 MIN · **COCCIÓN** 20 MIN

Unos 200 g (7 oz) de noodles frescos cortados a mano (véase la p. 82) o noodles de trigo gruesos secos (2 nidos)
2 cucharaditas de aceite de sabor neutro
300 g (1 ¼ tazas) de carne de cerdo grasa (>20 % de grasa) picada gruesa
1 trozo de jengibre fresco de 5 cm (2 in), pelado y rallado
2 cucharadas de vino de arroz de Shaoxing
4 cucharadas de salsa de soja amarilla
2 cucharadas de salsa dulce de habas de soja o de salsa hoisin
300 ml (1 ¼ tazas) de agua o caldo de pollo (véase la receta de la p. 144)
2 estrellas de anís
2 cucharaditas de salsa de soja oscura
Una pizca de pimienta blanca recién molida

**Para servir**
½ pepino, en juliana
2 cebolletas, en juliana
1 zanahoria mediana, pelada y en juliana

**Este plato de noodles fritos en salsa es muy popular en los puestos de comida y mercados de Beijing. No muy distinto a los espaguetis con salsa boloñesa, en esencia se trata de una salsa de carne servida sobre unos noodles. Mi versión incluye hortalizas frescas crujientes que aportan textura y frescor a la intensa y oscura salsa zha jiang.**

Para empezar, cocina los noodles al dente según las instrucciones de la p. 85 o del paquete. Escurre y reserva una parte del agua de la cocción. No los cocines hasta que se ablanden porque seguirán cociéndose en la sartén. Aclara con abundante agua fría hasta que se enfríen por completo (así se evita que se peguen) y reserva.

Calienta el aceite en una sartén grande a fuego medio-alto y fríe la carne de cerdo. Extiende la carne formando una capa uniforme, de modo que toda ella esté en contacto con la sartén. Cuece 4-5 minutos, removiendo de vez en cuando y ajustando el calor si es necesario, hasta que empiece a verse dorada y crujiente.

Añade el jengibre y remueve para que impregne la carne de su aroma. Incorpora el vino de arroz para desglasar la sartén y deja que reduzca del todo antes de añadir la salsa de soja amarilla, la salsa dulce de habas de soja (u hoisin) y el agua o caldo. Mézclalo todo bien y añade el anís estrellado, la salsa de soja y una pizca de pimienta blanca. Cuece a fuego medio-bajo unos 10 minutos, vigilando la salsa y removiendo de vez en cuando. Los azúcares de la salsa dulce de habas de soja caramelizarán y es fácil que se pegue al fondo de la sartén si no se presta atención. La salsa zha jiang debe quedar espesa y oscura.

Retira la sartén del fuego y añade los noodles cocidos a la salsa con carne, junto con un poco del agua de cocción de la pasta. Remueve los noodles para que se impregnen bien de salsa.

Sirve inmediatamente con las verduras en juliana. ¡Recomiendo usar servilleta!

# Noodles biang biang con cordero

**RACIONES** 2-3 · **PREPARACIÓN** 10 MIN + ELABORAR LA MASA · **COCCIÓN** 20 MIN

1 porción de masa para noodles biang biang (véase la p. 86)
3 cucharadas de vino de arroz de Shaoxing
1 cucharadita de harina de maíz
180 g (6 oz) de carne grasa de cordero, en cortes finos (la paletilla sale muy bien)
2 cucharadas de semillas de comino
1 cucharada de semillas de cilantro
1 cucharada de semillas de hinojo
3 cucharadas de aceite de sabor neutro
1 trozo de jengibre fresco de 2,5 cm (1 in), pelado y rallado
5 dientes de ajo, rallados
1 chile verde largo, sin semillas y en rodajas
½ cebolla morada, en láminas
5 hojas de repollo chino, en rodajas de 2,5 cm (1 in) de grosor
2 cebolletas, en juliana
1 buen puñado de cilantro fresco, rasgado
Una pizca de pimienta negra recién molida
Sal

**Para la salsa**
1 cucharada de vinagre de arroz negro Chinkiang
2 cucharadas de salsa de soja clara
½ cucharada de azúcar moreno claro
2 cucharadas de aceite picante (preferiblemente casero: véase la p. 180), y un poco más para servir

**Este plato se considera una de las maravillas de Shaanxi, y el carácter chino que lo representa es famoso por considerarse el más complicado del idioma: ¡está compuesto por más de 40 pinceladas! Mi receta pretende acercarse al delicioso original.**

Ten preparada la masa para los noodles biang biang, reposada 2-3 horas (véase la p. 89) pero antes de darle forma. Yo preparo la salsa primero y la dejo reposar mientras estiro y cocino la pasta. Dispón de una olla grande llena de agua con sal hirviendo, lista para cocer la pasta.

Mezcla 1 cucharada del vino de arroz con la harina de maíz, añade el cordero a la mezcla para macerar la carne, y reserva.

Combina todos los ingredientes para la salsa en una taza o bol pequeño y reserva.

En una sartén en seco a fuego medio, tuesta las especias enteras -semillas de comino, cilantro e hinojo- 2-3 minutos. Deja templar y luego muélelas en el mortero o en un molinillo para especias (véase la nota).

Calienta el aceite en un wok o una sartén a fuego medio-alto y añade el jengibre, el ajo y el chile. Sofríe rápidamente durante 30 segundos para que nada se queme. Añade el cordero macerado a la sartén y sofríe 3-4 minutos hasta que quede crujiente y dorado. Agrega el resto del vino de arroz y deja que reduzca hasta que no quede líquido. Baja el fuego, añade las especias molidas a la sartén y remueve bien. Añade la cebolla morada y el repollo y cocina 1 minuto, sin dejar de remover. Incorpora la salsa y mezcla: se formarán burbujas. Apaga el fuego.

Mientras la salsa reposa, sigue las instrucciones de la p. 89 para estirar la pasta y cocer los noodles biang biang. Cuando floten en el agua caliente, significa que estarán resbaladizos y sedosos. Escúrrelos, añádelos a la sartén de la salsa y revuelve. Agrega la cebolleta y el cilantro. Rocía con más aceite picante para darle un tono rojizo, y salpimienta.

### NOTA
Deja enfriar las especias tostadas antes de meterlas en el molinillo, y deja que el polvo se asiente antes de abrir la tapa.

# Noodles dan dan

**RACIONES** 2 · **PREPARACIÓN** 15 MIN · **COCCIÓN** 10 MIN

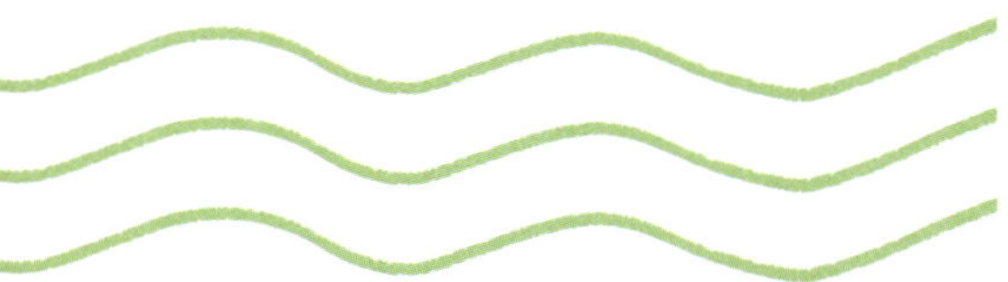

Unos 200 g (7 oz) de noodles ramen gruesos frescos (véase la p. 90), o 120 g (4 ½ oz) de noodles de trigo gruesos secos (2 nidos)
1 cucharada de aceite de sabor neutro
200 g (¾ de taza) de carne de ternera picada (>15 % grasa) o 100 g (½ taza escasa) de carne de ternera y la misma cantidad de carne de cerdo picada
1 cucharadita de polvo de cinco especias chinas
2 cucharadas de vino de arroz de Shaoxing
2 cucharadas de salsa dulce de habas de soja o de salsa hoisin
½ cucharadita de salsa de soja oscura
½ cucharadita de pimienta negra recién molida

**Para la salsa**
2 cucharadas de pasta de sésamo (o tahina)
1 cucharada de mantequilla de cacahuete
2 cucharadas de salsa de soja clara
1 cucharada de vinagre de arroz negro Chinkiang
2 cucharaditas de azúcar moreno claro
¼ de cucharadita de pimienta de Sichuan recién molida
2 cucharadas de aceite picante (preferiblemente casero: véase la p. 180) o guindilla crujiente en aceite Lao Gan Ma

**Para servir**
100 ml (½ taza) de caldo de pollo (preferiblemente casero: véase la p. 144) o agua
2 puñados de hojas verdes (pak choi/bok choy, brócoli chino, choi sum o espinacas), en láminas
2 cucharadas de cacahuetes tostados troceados
2 cucharadas de sui mi ya cai o 1 cucharada de pepinillo picado fino
2 cebolletas, en rodajas finas
2 rábanos, en juliana (opcional)

**Esta es quizás mi receta asiática preferida de noodles. Digo lo mismo de muchos platos, pero creo que en este caso es verdad. También es una de las recetas que preparo desde hace más tiempo, ya que llevo cocinándola una y otra vez hace años, un procedimiento orgánico que significa que, con el tiempo, ha ido cambiando poco a poco hasta convertirse en mi propia versión. Es distinta de aspecto y sustancia de un plato dan dan mian (*mian* significa «noodles») que puedan servir en un restaurante o un puesto callejero de una ciudad de Sichuan, pero los sabores se parecen mucho.**

Para empezar, cocina los noodles al dente según las instrucciones de la p. 93 o del paquete. Escurre y reserva una parte del agua de la cocción. No los cuezas hasta que se ablanden porque seguirán cociéndose en la sartén. Aclara con abundante agua fría hasta que se enfríen por completo (así se evita que se peguen) y reserva.

A continuación prepara la salsa. Vierte la pasta de sésamo (o tahina) y la mantequilla de cacahuete a un bol pequeño, junto con la salsa de soja, vinagre de arroz y 2 cucharadas del agua de cocción reservada, y mezcla poco a poco. La pasta de sésamo es bastante sólida y puede resultar difícil de disolver, pero insiste. Yo uso el dorso de un tenedor para chafarla con los ingredientes líquidos al comenzar. Una vez la pasta se ha incorporado, añade el resto de ingredientes de la salsa. Puedes agregar más aceite picante si quieres. Reserva.

Calienta el aceite en una sartén de base gruesa o wok a fuego alto. Añade la ternera picada (o la mezcla de ternera y cerdo) y deja que se dore y caramelice al menos durante 1 minuto, sin remover. Luego, revuelve y sigue cociéndola 5-6 minutos hasta que se dore toda. Añade el polvo de cinco especias chinas y cuece 30 segundos. Incorpora el vino de arroz y desglasa la sartén, luego agrega la salsa dulce de habas de soja (o hoisin), la salsa de soja y la pimienta negra. Mezcla bien y baja el fuego para que cueza 2 minutos más.

Para montar, añade 50 ml (¼ de taza) del caldo de pollo o agua caliente a cada bol. Añade la mitad de la salsa a cada bol y mezcla con el caldo o agua. Incorpora la mitad de la pasta y hojas verdes, luego remata con la mitad de la salsa de carne, seguida de una cucharada de cacahuetes y una de sui mi ya cai, y la mitad de la cebolleta y el rábano (si lo usas). Mézclalo todo y ¡a disfrutar!

# Noodles mala picantes con piel de tofu

**VG · RACIONES** 4 · **PREPARACIÓN** 10 MIN · **COCCIÓN** 5-10 MIN

Unos 400 g (14 oz) de noodles frescos cortados a mano (véase la p. 82) o noodles de trigo gruesos secos (4 nidos)
2 cucharadas de pasta doubanjiang
3 cucharadas de salsa de soja clara
1 ½ cucharadas de vinagre de arroz negro Chinkiang
1 cucharada de azúcar moreno claro
2 cucharaditas de pasta de sésamo (o tahina)
Una pizca de pimienta blanca recién molida
2 dientes de ajo, rallados
100 g (4 oz) de piel de soja/piel de tofu fresca o seca, en trozos de 2,5 cm (1 in) (y rehidratada en agua hirviendo si es seca)

**Para servir**
6 cucharadas de Toque final crujiente (véase la p. 179) o cebolla crujiente envasada
4-5 rábanos rosas, en juliana
3 cebolletas, en juliana

**Algunas recetas surgen de la tradición y la historia. Otras surgen tras una compra de última hora para una cena y se convierten en un plato delicioso del que te arrepientes de no haber anotado la receta enseguida. Este es uno de esos platos.**

Cocina los noodles al dente según las instrucciones de la p. 85 o del paquete. Escurre y reserva una parte del agua de la cocción, y luego aclara con abundante agua fría para que no se peguen y reserva.

Mezcla la pasta doubanjiang, la salsa de soja, el vinagre de arroz negro, el azúcar, la pasta de sésamo (o tahina), la pimienta blanca y el ajo con 3 cucharadas del agua caliente reservada de la cocción de los noodles. Bate con unas varillas o batidora, luego añádelo a una sartén con los trozos de tofu y caliéntalo junto a fuego bajo 3-4 minutos. Añade los noodles y revuelve.

Remata el plato con los ingredientes crujientes, rábanos y cebolletas, y sirve.

# Noodles fríos con sésamo

**RACIONES** 2 · **PREPARACIÓN** 10 MIN · **COCCIÓN** 5 MIN

200 g (7 oz) de noodles ramen frescos (véase la receta de la p. 90), o 120 g (4 ½ oz) de noodles de trigo secos
1 cucharadita de aceite de sésamo
180 g (6 oz) de pollo asado, en lonchas (opcional)
2 cebolletas, en juliana
½ pepino, sin semillas y en juliana
2 puñados de brotes de soja, escaldados en agua hirviendo 1 minuto
2 cucharadas de semillas de sésamo, tostadas (véase la p. 13)

**Para la salsa**
1 cucharada de pasta de sésamo (o tahina)
2 cucharadas de mantequilla de cacahuete
2 cucharadas de salsa de soja clara
1 ½ cucharadas de vinagre de arroz negro Chinkiang
1 cucharadita de azúcar moreno claro
1 cucharada de aceite picante (receta casera en la p. 180, opcional)

**Fresco y crujiente, con un aliño suave y refrescante, este plato es perfecto para el verano. En China, se suele tomar para desayunar durante los meses más calurosos. Añade sobras de pollo asado, si tienes, pero el plato sin él es igual de sabroso –y enteramente vegano–. Si quieres prepararlo con antelación, guarda el aliño en un tarro y échalo sobre los noodles justo antes de servir.**

Mezcla todos los ingredientes para la salsa con 4 cucharadas de agua caliente: mejor con ayuda de una minibatidora. Si la salsa aún es demasiado espesa, añade otra cucharada de agua. Debería tener la consistencia justa para quedar untada en el dorso de una cuchara. Si no vas a tomar el plato enseguida, conserva el aliño en un tarro limpio con tapa en el frigorífico.

Cocina los noodles al dente según las instrucciones de la p. 93 o del paquete y escurre. Aclara con abundante agua fría hasta que se enfríen por completo, mézclalos con el aceite de sésamo y reserva.

Cuando vayas a comer, revuelve los noodles con la salsa y añade el pollo asado (si lo usas), cebolleta, pepino, brotes de soja y semillas de sésamo tostadas.

# Noodles con cangrejo

**RACIONES** 2-3 · **PREPARACIÓN** 15 MIN · **COCCIÓN** 10 MIN

- 1 cangrejo cocido de carne marrón, troceado (600-800 g/1 lb 5 oz-1 ¾ lb)
- 4 cucharadas de harina de maíz
- Aceite de sabor neutro, para freír
- 1 trozo de jengibre fresco de 5 cm (2 in), pelado y en juliana
- 2 dientes de ajo, rallados
- 3 cebolletas, en juliana, separadas las partes blanca y verde
- 2 cucharadas de vino de arroz de Shaoxing
- 75 ml (⅓ de taza) de caldo de pollo (véase la receta de la p. 144)
- 1 cucharada de salsa de ostra
- 1 cucharada de salsa de soja clara
- 2 cucharaditas de azúcar moreno claro
- 2 cucharaditas de aceite de sésamo
- 200-300 g (7-11 oz) de noodles de huevo medianos frescos (véase la receta de la p. 78), o 125-190 g (4 ½-6 ½ oz) de noodles de huevo secos comprados

**Acostumbran a servir este plato en mi restaurante chino preferido, al que iba con mi abuelo. Un gran plato de noodles de huevo largos y lustrosos coronados con trozos de cangrejo rojo. Es exquisito y digno de una celebración. Si no te atreves a manipular el cangrejo entero, pide al pescadero que lo trocee, pero dejando las pinzas enteras.**

Para trocear un cangrejo, envuélvelo en un trapo de cocina y, con cuidado, golpéalo con un rodillo para que se rompa. Deja la cáscara de las pinzas y retira la carne marrón y blanca de las patas y la cabeza.

Pasa las pinzas y los trozos más grandes de cangrejo por la harina de maíz y reserva los trozos pequeños y carne blanca y marrón. Echa suficiente aceite en un wok o sartén de base gruesa grande para llenarlo hasta una profundidad de 4 cm (1 ½ in). Pon el wok a fuego alto y fríe las pinzas y los trozos grandes hasta que queden rojos y crujientes, unos 2-3 minutos para las pinzas y 30-60 segundos para los trozos de carne grandes. Retira con una espumadera, deja escurrir sobre papel de cocina y reserva.

Escurre el aceite del wok y límpialo con papel de cocina. Añade una cucharada de aceite nuevo y calienta a fuego medio-alto. Añade el jengibre, el ajo y las partes blancas de las cebolletas y sofríelos 2 minutos hasta que suelten su aroma. Incorpora el vino de arroz, el caldo, la salsa de ostra y la salsa de soja (en este orden). Agrega el azúcar y disuélvelo, luego lleva la salsa a un suave hervor y echa el cangrejo frito y la carne de cangrejo reservada hasta que se caliente todo. La harina de maíz que recubre el cangrejo espesará la salsa y le dará lustre. Retira del fuego y remata con el aceite de sésamo y las partes verdes de las cebolletas.

Mientras tanto, cocina los noodles al dente según las instrucciones de la p. 81 o del paquete. Sirve el cangrejo y la salsa por encima de los noodles. Come inmediatamente, con babero.

# Noodles con lo que haya

**RACIONES** 2 · **PREPARACIÓN** 10 MIN · **COCCIÓN** 10 MIN

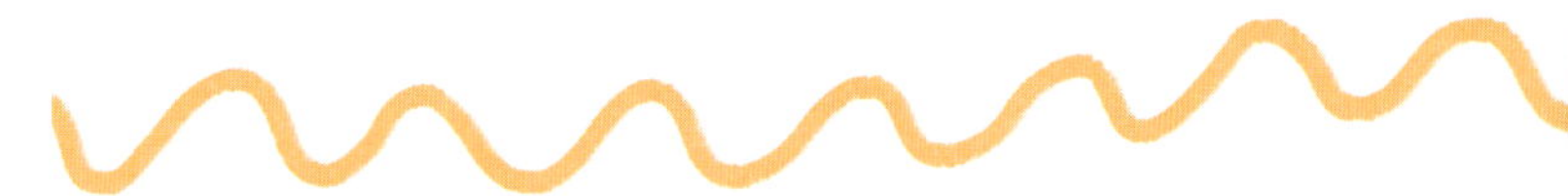

Unos 200 g (7 oz) de noodles frescos (véase la receta de las pp. 78-90), o 120 g (4 ½ oz) de noodles secos (2 nidos)
1 cucharada de aceite de sabor neutro
1 trozo de jengibre fresco de 2,5 cm (1 in), pelado y en juliana
1 diente de ajo, rallado
2 puñados de hojas verdes (como pak choi/bok choy, espinacas o repollo chino)
1 puñado de carne cocida desmenuzada (como pollo asado o jamón curado chino/secado al aire) o trozos de tofu prensado
2 cebolletas, en láminas finas

**Para la salsa**
2 cucharadas de salsa de soja clara
1 cucharada de vinagre de arroz negro Chinkiang
1 cucharada aceite picante (preferiblemente casero: véase la p. 180)
1 cucharadita de azúcar moreno claro
1 cucharada de Toque final crujiente (véase la p. 179) o cebolla crujiente envasada
1 cucharadita de pasta doubanjiang

**Este plato ofrece lo que promete y está listo en cuestión de minutos. Usa cualquier tipo de noodles frescos o secos que tengas a mano.**

Cocina los noodles al dente según las instrucciones de las pp. 81-93 o del paquete. Escurre y aclara con abundante agua fría hasta que se enfríen y reserva.

Mezcla todos los ingredientes para la salsa en una taza o bol y reserva.

Calienta el aceite en un wok o una sartén a fuego medio-alto. Añade el jengibre y el ajo, y sofríe rápidamente durante 30 segundos. Añade las verduras y la carne o tofu y sofríelo todo 3-4 minutos hasta que las verduras se ablanden y la carne o tofu se caliente. Incorpora los noodles cocidos y no dejes de remover rápido para que nada se queme. Añade la salsa y revuelve para impregnar de ella los noodles.

Sirve inmediatamente, y echa la cebolla crujiente por encima.

# Noodles biang biang con aceite caliente

**VG · RACIONES** 2 · **PREPARACIÓN** 5 MIN + HACER LA PASTA · **COCCIÓN** 5 MIN

- 1 porción de noodles biang biang (véase la p. 86)
- 2 dientes de ajo, rallados
- 2 cebolletas, en rodajas finas
- 2 cucharadas de copos de chile Sichuan chafados
- 2-3 coles pak choi (bok choy), con las hojas separadas
- 4 cucharadas de aceite de sabor neutro
- 2 cucharadas de salsa de soja clara
- 2 cucharadas de vinagre de arroz negro Chinkiang
- 1 puñado de cilantro, troceado bastamente, para servir

**Esta receta es un homenaje a la forma rápida, simple y tradicional de servir esta pasta típica de Shaanxi. El nombre del plato en chino, *you po che mian*, significa «aceite sobre pasta estirada a mano». El aceite caliente produce un espectáculo de fuegos artificiales en miniatura dentro del bol al mezclarse con las especias: la intensa fragancia que emana del bol me transporta a los puestos de noodles de Xi'an.**

Cocina los noodles biang biang siguiendo las instrucciones de la p. 89 y luego escurre. Divide entre dos boles. En el centro de cada bol, añade un montoncito de ajo rallado, cebolleta y copos de chile Sichuan.

Escalda la col pak choi (bok choy) en agua hirviendo 1 minuto y reserva.

Calienta el aceite en un cazo pequeño hasta que humee. Con cuidado, vierte la mitad sobre cada bol, directamente sobre el montoncito de especias, y observa los fuegos artificiales que se producen. Revuelve el aceite especiado con los noodles, con la salsa de soja y el vinagre de arroz, y añade la col.

Remata el plato con el cilantro y sirve.

# Noodles soba con brócoli a la plancha

**V · RACIONES** 2 · **PREPARACIÓN** 10 MIN · **COCCIÓN** 10 MIN

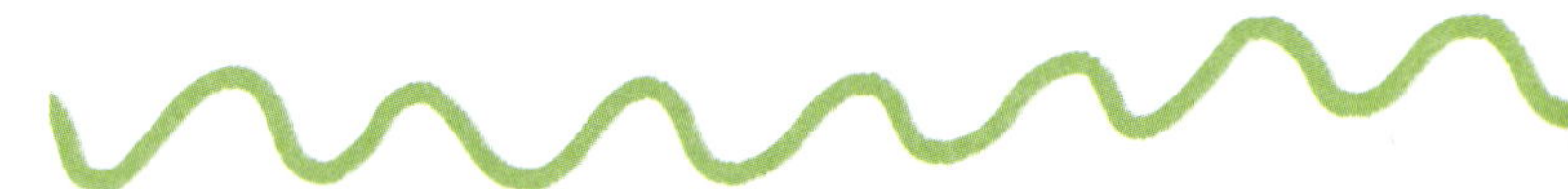

1 puñado de brócoli bimi o de brotes morados, sin hojas (unos 100 g/4 oz)
Unos 100 g (4 oz) de noodles soba secos (2 nidos)
1 cucharadita de aceite de sésamo
1 cucharadita de aceite de sabor neutro
½ chile rojo, sin semillas y troceado
½ diente de ajo, troceado
2 rábanos, en rodajas
1 cebolleta, en rodajas
2 cucharaditas de semillas de sésamo, tostadas (véase la p. 13)
2 cucharaditas de cebolla crujiente envasada
1 huevo frito, para servir (opcional)

**Para la salsa**

1 cucharada de salsa de soja clara
½ cucharada de vinagre de arroz negro Chinkiang
1 cucharada de aceite picante (preferiblemente casero: véase la p. 180)
¼ de cucharadita de azúcar moreno claro

**Hace poco mi amiga Hannah me envió un mensaje al móvil que decía: «¿Sabes qué hay hoy para cenar en mi casa, Pippa?... Tus noodles soba con brócoli: OTRA VEZ. ¡Es un clásico de mi cocina!».**

Mezcla todos los ingredientes para la salsa en una tacita o bol y reserva.

Calienta una plancha a fuego alto y añade el brócoli. Al cabo de 2-3 minutos, cuando empiece a desprender un agradable aroma de tostado, dale la vuelta. Vigílalo y retíralo de la plancha cuando esté tostado por ambos lados por igual (véase la nota). Reserva.

Cocina los noodles al dente en una olla con agua salada hirviendo durante 3 minutos. Luego cuélalos y acláralos con agua fría para eliminar el exceso de almidón y conseguir que se conserven flexibles y sueltos: ¡no te saltes este paso o te arriesgas a terminar con una bola compacta y pegajosa! Añade el aceite de sésamo a los noodles mientras están en el colador, para embadurnarlos. Déjalos así.

Calienta el aceite de sabor neutro en un wok o una sartén a fuego medio-alto y añade el chile y el ajo. Sofríelos 1 minuto, sin dejar de remover para que no se quemen. Echa el brócoli al wok, seguido de los noodles, y sofríe 30 segundos. Añade los rábanos y la cebolleta, luego retira del fuego. Vierte la salsa sobre la pasta y usa unas pinzas para que todo quede cubierto con la mezcla.

Espolvorea con las semillas de sésamo y la cebolla crujiente y sirve con un huevo frito ¡si te apetece!

**NOTA**

Si no dispones de plancha, precalienta el gratinador, dispón el brócoli en una bandeja de hornear y cocínado durante el mismo tiempo, dándole la vuelta a media cocción.

# Ramen yuzu shio

**RACIONES** 2 GENEROSAS · **PREPARACIÓN** 10 MIN · **COCCIÓN** 30 MIN

1 litro (1 cuarto de galón) de caldo de pollo (véase la receta de la p. 144)
10 g (½ oz) de alga kombu seca
1 cucharada de virutas de katsuobushi
Unos 300 g (11 oz) de noodles ramen frescos finos (véase la receta de la p. 90), o 180 g (6 oz) de noodles de trigo secos finos (3 nidos)
2 huevos ramen (véase la p. 142)
4 lonchas de Chashu de cerdo para ramen (véase la p. 142)
2 cucharadas de Grasa de pollo al ajo (véase la p. 184), derretida
2 cebolletas, en juliana fina
1 lámina de alga nori, tostada (véase la p. 11) y cortada por la mitad

**Para la salsa tare**
2 cucharadas de sake
50 ml (¼ de taza) de mirin
2 cucharaditas de azúcar moreno claro
2 cucharadas de sal marina en escamas (tipo Maldon) o sal rosa del Himalaya
120 ml (½ taza) de caldo de pollo (véase la receta de la p. 144)
1 cucharadita de vinagre de arroz japonés
1 cucharada de zumo de yuzu o limón fresco

**Existen unas cuantas normas, si bien laxas, para preparar ramen. Un simple bol de ramen combina varios componentes importantes: salsa tare (véase abajo), caldo, ingredientes diversos, noodles y, en ocasiones, aceite aromatizado. Cada componente puede variar enormemente en función de la zona y de las preferencias del chef, y esto significa que hay miles de posibilidades.**

**La salsa tare es el condimento para el caldo de ramen, y el tipo de salsa tare suele aparecer en el nombre de la receta: el shio ramen (*shio* significa «sal» en japonés) se condimenta con salsa tare a la sal, por ejemplo, mientras que el ramen shoyu lleva salsa tare a base de salsa de soja. Este bol de ramen se inspira en el que tomaba en el Afuri, famoso establecimiento de ramen en Tokio.**

Pon el caldo en una olla sopera y añade el alga kombu. Calienta sin que llegue a hervir 15 minutos a fuego medio-bajo. Retira el alga kombu y deséchala, luego añade las virutas de katsuobushi y deja reposar 10 minutos. Cuela el caldo con un colador de malla fina, devuélvelo a la olla y manténlo caliente a fuego bajo.

Mezcla todos los ingredientes para la salsa tare y reserva.

Cocina los noodles al dente según las instrucciones de la p. 93 o del paquete, escurre y aclara con abundante agua fría para que no se peguen.

En cada bol, añade 2 cucharadas de salsa tare y luego 350 ml (1 ½ tazas) de caldo. Añade la mitad de los noodles, un huevo ramen y la mitad de la carne de cerdo. Rocía con la grasa de pollo, esparce la cebolleta por encima y dispón un trozo de alga nori tostada al lado de los noodles.

# Ramen con miso y almejas

**RACIONES** 2 · **PREPARACIÓN** 10 MIN + REMOJO · **COCCIÓN** 15 MIN

1 cucharadita de aceite de sabor neutro
2 dientes de ajo, rallados
1 trozo de jengibre fresco de 1 cm (½ in), rallado
½ cebolla escalonia, picada
400 g (12 oz) de almejas vivas, purgadas en agua con sal (véase la introducción)
3 cucharadas de vino blanco seco o sake
500 ml (2 tazas generosas) de caldo de pollo (preferiblemente casero: véase la receta de la p. 144) o agua
2 cucharadas de miso blanco
2 cucharaditas de salsa de soja clara
Una pizca de sal (opcional)
Unos 200 g (7 oz) de noodles ramen finos frescos (véase la receta de la p. 90), o 120 g (4 ½ oz) de noodles de trigo finos secos (2 nidos)
100 g (4 oz) de setas shimeji
1 puñadito de cebollino, troceado fino
1 lámina de alga nori, tostada (véase la p. 11) y cortada por la mitad

**Esta receta de ramen está aromatizada con una salsa tare de miso blanco que le aporta un suave sabor umami que conjuga a la perfección con las almejas. Compra las más frescas: pueden ser pequeñas o grandes, o mezcladas, según lo que encuentres. Antes de cocinarlas, púrgalas unas horas en agua salada para eliminar arenilla, y desecha las que queden entreabiertas al golpearlas sobre la encimera.**

Pon el aceite en una sartén grande, añade el ajo, el jengibre y la cebolla, y sofríe a fuego medio 1-2 minutos. Sube el fuego y añade las almejas y el vino blanco o sake. Deja que el alcohol reduzca durante 30 segundos, luego tapa la sartén. Deja que se abran las almejas al vapor: tardarán más o menos según su tamaño. Descarta las que no se hayan abierto pasados 10 minutos. Retira las almejas con una espumadera y reserva, dejando el líquido en la sartén.

Añade el caldo de pollo o agua a la sartén, junto con el miso y la salsa de soja, y caliéntalo suavemente, sin que hierva. Prueba el caldo y rectifica de sal si es necesario.

Mientras tanto, cocina los noodles al dente según las instrucciones de la p. 93 o del paquete. Escurre y aclara con abundante agua fría para que no se peguen. Añade las setas shimeji al caldo y cuece 2-3 minutos. Retira las setas y reserva.

Cuela el caldo y añade 250-300 ml (1-1 ¼ tazas) a cada bol. Añade los noodles, las almejas y las setas, y el cebollino y el alga nori tostada.

# Ramen con miso picante

**V** · **RACIONES** 2 · **PREPARACIÓN** 15 MIN · **COCCIÓN** 10 MIN

Unos 200 g (7 oz) de noodles ramen finos frescos (véase la p. 90), o 120 g (4 ½ oz) de noodles de trigo finos secos (2 nidos)
400 ml (1 ⅔ tazas) de caldo vegetal bajo en sal o Caldo de cebolla a la plancha (véase la p. 145)
200 ml (¾ de taza) de bebida de soja sin endulzar
¼ de cucharadita de pimienta negra recién molida

**Para la mezcla de miso**
4 cucharadas de miso blanco
3 cucharadas de pasta doubanjiang
½ cebolla banca mediana o 2 cebollas escalonias grandes, troceadas finas
3 dientes de ajo, rallados
1 trozo de jengibre fresco de 2,5 cm (1 in), pelado y rallado
2 cucharadas de mirin
2 cucharaditas de aceite de sésamo
2 cucharaditas de pasta de sésamo (o tahina)

**Para servir**
2 Huevos ramen (véase la p. 142)
1 puñadito de setas oreja de Judas secas o 3 setas shiitake secas, remojadas y en láminas
6 dados de tofu frito esponjoso
60 g (1 taza) de brotes de soja, escaldados 1 minuto en agua hirviendo
2 cebolletas, troceadas finas
1 cucharada de semillas de sésamo, tostadas (véase la p. 13)
½ cucharadita de pimienta de Sichuan recién molida
1 cucharada de Aceite al ajo con especias shichimi (véase la p. 184)
½ lámina de alga nori, tostada (véase la p. 11) y cortada por la mitad

**Este bol de ramen es el resultado de probar muchas recetas diferentes de ramen vegetariano con la esperanza de dar con aquel momento de «Dios mío, ¡qué rico está esto!» que no lograba con la mayoría de ellas. Añadía algo y quitaba otra cosa, pero sin éxito. El plato empezó a alejarse de una receta típica de ramen japonés a medida que echaba mano de ingredientes diversos de mi despensa y los echaba al caldo con desespero, hasta llegar a la pasta picante doubanjiang.**

**Creo que el resultado es una deliciosa combinación de sabores, y relativamente rápida de preparar si no se hace el caldo de cero. Pero el truco es que sabe mucho mejor con caldo casero: el Caldo de cebolla a la plancha de la p. 145. Si ya lo tienes listo y congelado, ¡úsalo aquí!**

Pon todos los ingredientes para la mezcla de miso en la batidora o robot de cocina con 2 cucharadas de agua y tritura hasta que se forme una pasta.

Cocina los noodles ramen al dente según las instrucciones de la p. 93 o del paquete. Escurre y aclara con agua fría, y reserva.

Calienta el caldo vegetal (o el que uses) en una olla. Vierte la mezcla de miso en un colador de malla fina y sumérgelo en el caldo. La pasta empezará a disolverse en el líquido y quedarán algunos trozos sólidos en el colador. Continúa hasta que se haya disuelto toda la pasta y el caldo parezca una sopa. Desecha lo que quede en el colador. Añade la bebida de soja al caldo y calienta a fuego suave sin dejar que hierva. Añade la pimienta negra, luego prueba el caldo y rectifica de sal si es necesario.

Sirve el caldo caliente en boles grandes parar ramen. Añade los noodles cocidos y, encima, un huevo ramen y una ración de setas, tofu frito, brotes de soja, cebolleta, semillas de sésamo, granos de pimienta de Sichuan molidos y aceite al ajo. Coloca un trozo de alga nori entre los noodles de modo que sobresalga casi toda con orgullo. ¡A sorber!

# Mala xiao mian con carrillera de ternera

1 **RACIÓN** (CON BASTANTE CALDO PARA 6-8) · **PREPARACIÓN** 15 MIN · **COCCIÓN** 3-5 HORAS

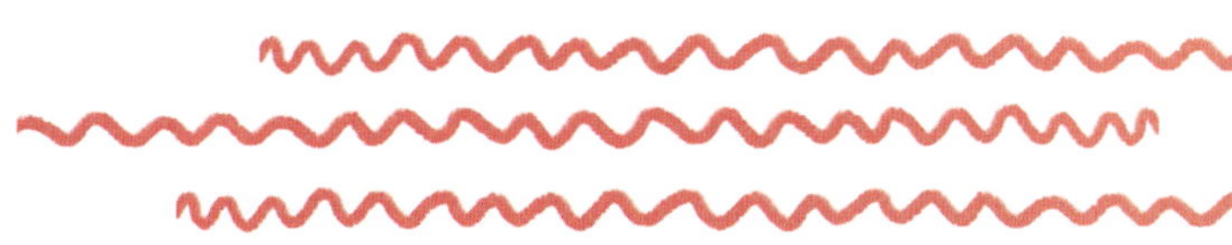

**Para el condimento (por ración)**

Unos 100 g (4 oz) de noodles ramen finos frescos (véase la p. 90), o 60 g (2 oz) de noodles de trigo finos secos (1 nido)
1 cdta. de vinagre de arroz negro Chinkiang
1 cdta. de aceite de sésamo
⅛ de cdta. de glutamato de monosodio
¼ de cdta. de sal marina fina
½ cdta. de manteca de cerdo
¼ de cdta. de pimienta de Sichuan recién molida
1 cdta. o 1 cda. de aceite picante (receta casera en la p. 180), opcional
1 cda. de sui mi ya cai
1 cda. de salsa de soja clara

**Para el caldo**

1 cda. de aceite de sabor neutro
1,5 kg (3 lb 5 oz) de carrillera de ternera, en trozos de 5 cm (2 in)
1 kg (2 lb 3 oz) de huesos de ternera con carne
1 puerro, en rodajas
1 trozo de jengibre fresco de 8-10 cm (3-4 in), pelado y en rodajas
3 dientes de ajo, en láminas
100 ml (½ taza) de vino de arroz de Shaoxing
5 estrellas de anís
1 cdta. de granos de pimienta blanca
1 cdta. de granos de pimienta de Sichuan
1 vaina de cardamomo negro
3 granos de pimienta de Jamaica
2 hojas de laurel
1 cdta. de semillas de hinojo
3-6 cdas. de pasta doubanjiang (opcional)
150 ml (⅔ de taza) de salsa de soja clara
2 cdas. de azúcar moreno claro

**Para servir**

1 cda. de cacahuetes tostados troceados
1 puñadito de cilantro
1 puñadito de cebolletas, en láminas finas

**No te desanimes por la larga lista de ingredientes. Prácticamente, se echan todos a la olla y listos. El resto se monta directamente en el bol. He incluido los ingredientes para condimentar una ración, de modo que si preparas el plato para más de una persona, simplemente condimenta cada bol con las medidas indicadas antes de añadir el caldo.**

**El sabor de esta receta se inspira en los platos que probé en Chongqing, China. La cocina de esta ciudad destaca por ser picante y especiada, y emplear con abundancia los granos de pimienta de Sichuan, pimienta blanca y guindilla. La palabra *mala* significa «entumecedor» y «picante».**

**Siempre recomiendo dejar el caldo en el frigorífico de un día para otro. Cuando un caldo reposa, suceden cosas especiales.**

En primer lugar, prepara el caldo. Calienta el aceite en una olla sopera grande y dora la carne y los huesos por todos lados a fuego medio-alto (hazlo por tandas, si hace falta). Añade el puerro, el jengibre y el ajo, y revuélvelos en el aceite durante 1 minuto hasta que desprendan su aroma. Agrega el vino de arroz de Shaoxing para desglasar la olla, luego vierte 3 litros (3 cuartos de galón) de agua y añade todos los ingredientes restantes para el caldo. Lleva a un suave hervor, luego baja el fuego, tapa la olla y cuece lentamente durante al menos 3 horas y preferiblemente hasta 5 horas. Las carrilleras deben deshacerse de tiernas al final de la cocción.

Retira la carne y reserva, retira los huesos y desmenuza la carne que tengan, y luego desecha los huesos. Cuela el caldo por un colador de malla fina, y descarta todos los ingredientes sólidos. Entonces añade la carne de nuevo al caldo y guárdalo en el frigorífico hasta el día siguiente.

Cuando vayas a servir, cocina los noodles al dente según las instrucciones de la p. 93 o del paquete. Escúrrelos y acláralos con agua fría. Mientras, añade el vinagre de arroz negro, el aceite de sésamo, el glutamato de monosodio, la sal, la manteca de cerdo, los granos de pimienta de Sichuan, el aceite picante (si usas), el sui mi ya cai y la salsa de soja a un bol grande para ramen. Calienta 400 ml (1 ⅔ tazas) de caldo por persona y desmenuza la carne.

Añade caldo al bol y mezcla bien. Agrega los noodles, y pon la carne desmenuzada, los cacahuetes tostados, el cilantro y la cebolleta por encima para servir.

# Sopa Hong Kong con noodles y won ton

**SALEN** 20 WON TON · **RACIONES** 4 · **PREPARACIÓN** 25 MIN + REFRIGERACIÓN
**COCCIÓN** 30-35 MIN

1 paquete de obleas para won ton (frescas o congeladas y descongeladas)
2 litros (2 cuartos de galón) de caldo de pollo (preferiblemente casero: véase la p. 144)
½ cucharadita de sal
½ cucharadita de azúcar moreno claro
Unos 400 g (14 oz) de noodles de huevo extrafinos secos (véase la receta de la p. 78), o 250 g (9 oz) de noodles de huevo finos secos
2 cebolletas, en rodajas finas, para servir

**Para el relleno**
400 g (14 oz) de langostinos crudos, con cabeza y piel (o 200 g/⅔ de taza, pelados)
1 cucharadita de sal
¼ de cucharadita de levadura en polvo
1 cucharada de gambas secas
200 g (⅔ de taza) de carne grasa de cerdo picada (>20 % de grasa)
1 cucharadita de azúcar moreno claro
1 cucharada de salsa de soja clara
1 cucharadita de aceite de sésamo
2 cucharadita de vino de arroz de Shaoxing
½ cucharadita de harina de maíz
1 cebolleta, troceada fina

## NOTA
Los noodles de huevo extrafinos (noodles won ton) empleados para esta receta se encuentran en la sección de refrigerados de cualquier supermercado de alimentación asiática.

**En Hong Kong, esta sopa es un plato tradicional de comida reconfortante, para el cual se sigue un meticuloso proceso al preparar los boles. Esta receta tiene tres componentes principales: el caldo, los won ton y los noodles. Por este motivo, si uno de ellos no es de la mejor calidad, todo el plato cambiará. Cada elemento requiere su tiempo de elaboración, pero el resultado final es una gozada y merece la pena. El caldo es de lo más reconfortante.**

Para preparar el relleno, pela y quita la vena de los langostinos, reservando todas las cabezas y pieles para después, y córtalos en trozos de 1 cm (½ in). Ponlos en un bol y mézclalos con ½ cucharadita de la sal y la levadura en polvo, luego déjalo en el frigorífico mientras preparas el resto del relleno. Con este paso los langostinos adquieren firmeza: no lo omitas, ya que les confiere una deliciosa textura.

Calienta las gambas secas en una sartén en seco a fuego medio hasta que queden algo tostadas y muy secas. Trocéalas bastamente antes de pasarlas al mortero y triturarlas con la mano de mortero.

Pon el resto de ingredientes para el relleno excepto las cebolletas en un cuenco grande y añade 1 cucharada de agua y la ½ cucharadita de sal restante. Remueve con una cuchara de madera en el sentido de las agujas del reloj durante 5 minutos. Tritura bien la mezcla: debe alcanzar consistencia de pasta. Añade las cebolletas y las gambas secas en polvo y combina bien con la mezcla de carne de cerdo.

Aclara los langostinos refrigerados con agua fría y sécalos con suaves golpecitos con papel de cocina, luego incorpóralos a la mezcla de carne. Pasa la mezcla al frigorífico para que adquiera firmeza durante 10-15 minutos mientras dispones el espacio para elaborar los won ton.

Prepara las obleas y una tacita con agua. Empieza poniendo una cucharadita de relleno en el centro de una oblea. Mójate el dedo en el agua y pásalo por el margen de la oblea. Dobla el won ton (véanse las imágenes de las pp. 70-71), luego disponlos sobre una bandeja forrada con papel vegetal.

→

Vierte el caldo de pollo en una olla grande, añade las cabezas y pieles de langostino reservadas, y lleva a un suave hervor durante 10-15 minutos. Cuela el caldo con una tela de muselina, presionando los ingredientes sólidos con el dorso de una cuchara para que suelten todo su jugo. Adereza con la sal y el azúcar y mantén el caldo caliente a fuego bajo mientras cueces los won ton y los noodles.

Lleva una olla de agua a ebullición y añade los won ton. Cuando floten en la superficie, están listos -tardarán 4-5 minutos-. Con una espumadera, sácalos de la olla y reserva, luego añade los noodles al agua hirviendo y cuécelos 1 ½ minutos o según lo indicado en el paquete. Escúrrelos y acláralos con agua fría.

Reparte los noodles entre boles individuales y dispón cuatro o cinco won ton encima, según el apetito. Remata cada bol con la cebolleta y riégalo con el caldo caliente para servir.

# Noodles estilo Chongqing

**VG · RACIONES** 4 · **PREPARACIÓN** 10 MIN · **COCCIÓN** 30 MIN

Unos 400 g (14 oz) de noodles ramen medianos frescos (véase la receta de la p. 90), o 240 g (8 ½ oz) de noodles de trigo medianos secos (4 nidos)
1 cucharada de aceite de sabor neutro
1 trozo de jengibre fresco de 2,5 cm (1 in) sin pelar, en rodajas
1 diente de ajo, aplastado
3 estrellas de anís
1 cucharadita de semillas de comino, tostadas (véase la p. 9) y molidas
1 lata de garbanzos de 400 g (14 oz), aclarados y escurridos
1 cucharadita de sal marina fina
2 cucharadas de vino de arroz de Shaoxing
1 litro (1 cuarto de galón) de Caldo de cebolla a la plancha (véase la p. 145) o caldo vegetal bajo en sal
3 cucharadas de pasta de sésamo (o tahina)
3 cucharadas de salsa de soja clara
1 ½ cucharadas de vinagre de arroz negro Chinkiang
1-2 cucharaditas de pasta doubanjiang (depende de lo picante que los quieras)
2 cucharadas de azúcar moreno claro

**Para servir**
½ cucharadita de pimienta blanca recién molida
3 cebolletas, troceadas finas
2 cucharadas de aceite picante (preferiblemente casero: véase la p. 180)

**Los noodles al estilo de Chongqing son un desayuno habitual en China, llenos de sabores intensos y especias por los que es famosa la zona. En esta receta he rebajado el contenido de especias, pero no dudes en aumentarlo si lo prefieres. Una buena pasta doubanjiang es indispensable en la despensa y crucial para este plato.**

Cocina los noodles al dente según las instrucciones de la p. 93 o del paquete, escurre y aclara con abundante agua fría para que no se peguen. Reserva.

Calienta el aceite en una sartén grande a fuego medio-alto, luego añade el jengibre, el ajo y el anís estrellado. Sofríe unos 30 segundos hasta que suelten su aroma pero sin dorarse. Añade el comino y los garbanzos escurridos y fríelo todo 20 segundos hasta que el comino desprenda su fragancia y los garbanzos queden impregnados de la mezcla. Añade la sal, luego incorpora el vino de arroz y deja que burbujee. Inunda la sartén con el caldo de cebolla o vegetal y lleva a un suave hervor, luego baja el fuego y cocina durante unos 25 minutos, hasta que los garbanzos estén blanditos pero sin deshacerse.

Usa una espumadera para sacar los garbanzos del líquido, junto con el jengibre, el anís y el ajo. Ponlos en un bol, retira y descarta el jengibre y las estrellas de anís, y reserva.

Luego añade la pasta de sésamo (o tahina), la salsa de soja, el vinagre de arroz negro, la pasta doubanjiang y azúcar al resto de caldo de la sartén.

Para montar el plato, reparte los noodles entre cuatro boles individuales. Echa el caldo caliente y añade unos cuantos garbanzos. Condimenta cada bol con una pizca de pimienta blanca y esparce cebolleta por encima. Termina con un chorrito de aceite picante para darle un bonito color rojizo y más intensidad de sabor.

# Noodles udon al curri

**RACIONES** 2 · **PREPARACIÓN** 10 MIN · **COCCIÓN** 10 MIN

Unos 400 g (14 oz) de noodles udon congelados (2 nidos)
½ cucharada de aceite de sabor neutro
½ cebolla blanca pequeña, en láminas
200 g (7 oz) de carne (falda, vacío o filete), cortada perpendicular a la fibra en tiras de 2-3 mm (⅛ in) de ancho
500 ml (2 tazas generosas) de caldo dashi
2 pastillas de curri japonés (tipo Golden Curry)
2 cucharaditas de azúcar moreno claro
3 cucharadas de salsa de soja clara
½ cucharada de harina de maíz, opcional
100 g (4 oz) de setas enoki
2 coles pak choi (bok choy)
2 cebolletas, en rodajas, para decorar

**Las pastillas de curri japonés son un ingrediente práctico del que nunca prescindiré. A veces conviene hacerlo todo partiendo de cero, y otras veces, no. Este espesante se utiliza en todo el Japón, y guardo preciosos recuerdos de su sabor. Me recuerda los establecimientos de curri del país, abiertos a todas horas, sirviendo katsu frito crujiente con arroz al curri. La combinación del curri con los noodles udon es saciante, hace entrar en calor y, sobre todo, se prepara en un momento.**

Cocina los noodles al dente según las instrucciones del paquete, escurre y aclara con abundante agua fría para que no se peguen. Reserva.

Calienta el aceite en un wok o una sartén a fuego medio-alto. Añade la cebolla y sofríela rápido, luego añade la carne, y fríelo todo junto 3-5 minutos. Incorpora el caldo y las pastillas de curri japonés a la sartén. Lleva a un suave hervor y cuece hasta que las pastillas de curri se hayan disuelto por completo. Añade el azúcar y la salsa de soja. Si la salsa necesita espesar, mezcla la harina de maíz con 1 cucharada de agua y échala a la sartén. Añade las setas enoki y cocínalas 30 segundos, luego retira la sartén del fuego.

En otra olla, cuece la col pak choi (bok choy) al vapor durante 2 minutos para que se cocine por dentro.

Reparte los noodles entre dos boles, dispón la col encima y riégalo con la salsa de curri caliente. Decora con la cebolleta y sirve.

# Ramen shoyu

**RACIONES** 2 (CON BASTANTE CALDO PARA 8-10) · **PREPARACIÓN** 25 MIN · **COCCIÓN** 3 ½-8 ½ HORAS

Unos 200 g (7 oz) de noodles ramen finos frescos (véase la receta de la p. 90) o 120 g (4 ½ oz) de noodles de trigo finos secos (2 nidos)
2 Huevos ramen (véase la p. 142)
2 cebolletas, en rodajas finas
4 lonchas de Chashu de cerdo (véase la p. 142)
1 cucharada de Grasa de pollo al ajo (véase la p. 184, opcional), derretida
1 lámina de alga nori, tostada (véase la p. 11)

**Para el caldo**
2 manitas de cerdo, cortadas por la mitad, o 1,5 kg (3 lb 5 oz) de huesos de cerdo
1 kg (2 lb 3 oz) de alitas de pollo
1 cucharadita de aceite de sabor neutro
1 cebolla grande, en láminas
2 puerros, limpios y en rodajas
1 cabeza de ajos, cortada por la mitad
1 trozo de jengibre fresco de 10 cm (4 in), pelado y en rodajas
1 lámina de alga kombu seca
2 setas shiitake secas

**Para la salsa tare**
4 cucharadas de salsa de soja clara
2 cucharadas de mirin
2 cucharadas de sake
1 diente de ajo, pelado
1 rodaja de jengibre fresco (sin pelar)

**He aquí el ramen shoyu, el primo menos laborioso del ramen tonkotsu. El caldo empleado se caracteriza por la salsa tare o condimento -*shoyu* significa «soja» en japonés-. Con esta receta sale suficiente caldo para 8-10 personas, aunque los demás elementos de la receta solo alcanzan para dos raciones. Se puede congelar el caldo restante (véase la nota en la p. 15) o multiplicar el resto de ingredientes para servir más platos (hasta ocho boles grandes).**

Pide al carnicero que corte las manitas de cerdo o, de hacerlo tú, utiliza el cuchillo más fuerte que tengas o una hachuela para partirlas a lo largo por la mitad (entre los dedos).

Dispón las mitades de las manitas (o los huesos) y las alitas de pollo en una olla sopera o tu cazuela más grande. Cúbrelo todo con agua fría hasta que quede sumergido y llévalo a un hervor rápido a fuego alto. Hierve 1 minuto, luego retira del fuego. Se habrá formado espuma y acumulado suciedad en la superficie: para eso sirve este paso.

A continuación, usa un colador grande para colar las manitas, o huesos, y acláralas con agua fría. Una a una, frótalas para limpiarlas y eliminar restos de tuétano, sangre y otros desechos (yo lo hago con ayuda de un palillo). Las manitas, o huesos, quedarán de color gris, pero limpias.

Lava la olla y pon otra vez las manitas de cerdo limpias dentro.

En una sartén de base gruesa, calienta el aceite de sabor neutro y sofríe la cebolla, el puerro, el ajo y el jengibre a fuego medio-alto durante 3-4 minutos. Si se churruscan un poco, eso aportará sabor: no pretendes cocinarlos, solo añadir algo de caramelización. Una vez conseguido, échalos en la olla con el cerdo. Añade el alga kombu y las setas shiitake, cubre con agua fría hasta que todos los ingredientes queden sumergidos y lleva a ebullición.

Baja el fuego inmediatamente, y ve retirando la espuma que se acumule en la superficie. Cuece, con tapa, durante al menos 3 horas. Yo lo dejo unas 8 horas. Cuanto más tiempo pase, más intenso será el sabor. Si el nivel de líquido baja demasiado, añade agua justo para sumergir los ingredientes.

Cuando vayas a retirar el caldo del fuego, primero saca los huesos más grandes de la olla. Cuela el caldo con un colador de malla fina o un trapo de muselina en un bol grande o una olla grande limpia. Desecha el resto de ingredientes del caldo y los huesos que queden en el colador.

Ahora, prepara la salsa tare. Añade los ingredientes a un cacito y calienta a fuego bajo 10 minutos para que hagan infusión los sabores del ajo y el jengibre.

Cocina los noodles al dente según las instrucciones de la p. 93 o del paquete. Escurre y aclara con abundante agua fría para que no se peguen.

Debido al contenido graso del caldo, se gelatinizará rápido. Recalienta la cantidad suficiente para dos personas: 800-900 ml (3 ⅓-3 ¾ tazas). Retira el diente de ajo y la rodaja de jengibre de la salsa tare, luego reparte la salsa tare entre dos boles grandes para ramen (añadiendo 3-4 cucharadas por bol) y, seguidamente, el caldo humeante.

Monta el plato con los noodles, un huevo, la cebolleta y un par de lonchas de carne de cerdo. Termina con la grasa de pollo al ajo (si la usas) y ½ lámina de alga nori.

# Huevos ramen

**V · SALEN** 6 HUEVOS · **PREPARACIÓN** 5 MIN + ENFRIAMIENTO + REFRIGERACIÓN · **COCCIÓN** 6 MIN

6 huevos medianos
4 cucharadas de salsa de soja clara
4 cucharadas de mirin
250 ml (1 taza) de caldo dashi o agua

Lleva a ebullición una olla con agua. Deposita con cuidado los huevos en el agua y cocínalos durante exactamente 6 minutos. Sácalos del agua y ponlos bajo un chorro de agua fría durante 3-4 minutos o sumérgelos en un bol de agua con cubitos. Cuando estén fríos del todo, pélalos.

Mezcla la salsa de soja, el mirin y el caldo dashi. Sumerge los huevos en el líquido y cubre con papel vegetal. (Otra opción es poner los huevos en un recipiente con tapa o bolsa de plástico de cierre fácil con la mezcla.) Déjalos en el frigorífico toda la noche antes de comerlos. Los huevos se conservan en el frigorífico hasta 5 días. Sírvelos con tu plato preferido de ramen.

# Chashu de cerdo para ramen

**RACIONES** 4-6 · **PREPARACIÓN** 10 MIN + ENFRIAMIENTO + REFRIGERACIÓN · **COCCIÓN** 3 HORAS

1 cucharada de aceite de sabor neutro
400-500 g (14 oz-1 lb 2 oz) de panceta sin hueso, sin piel
80 ml (⅓ de taza) de sake
80 ml (⅓ de taza) de salsa de soja clara
80 ml (⅓ de taza) de mirin
2 cucharadas de azúcar moreno claro
2 cebolletas, en rodajas
1 trozo de jengibre fresco de 2,5 cm (1 in), pelado y en rodajas

Precalienta el horno a 120 °C (250 °F/Gas ½).

Calienta el aceite en una sartén grande de base gruesa o una plancha de hierro colado a fuego medio-alto y dora la carne de cerdo por todos los lados. Retira la carne y ponla en una bandeja de hornear lo bastante grande para dejar un espacio de 3-5 cm (1-2 in) entre la carne y el borde de la bandeja. Añade el sake a la sartén o plancha para desglasar, luego incorpora la salsa de soja, el mirin, el azúcar y 200 ml (¾ de taza) de agua. Calienta a fuego bajo y añade la cebolleta y el jengibre.

Echa la salsa a la bandeja, sobre la carne, con la cebolleta y el jengibre. Cubre bien la bandeja con dos capas de papel de aluminio y cocina en el horno durante 3 horas.

Pasado este tiempo, la carne debe quedar muy tierna. Pasa la carne y la salsa a un recipiente con tapa o bolsa de plástico de cierre fácil y déjalo en el frigorífico toda la noche: así la carne adquiere firmeza y resulta más fácil cortarla.

Cuando vayas a usar la carne de cerdo para un plato de ramen, córtala en lonchas de 5 mm (¼ in) de grosor y pásales un soplete hasta que se doren los bordes o ponlas bajo el gratinador del horno hasta que caramelicen.

# El mejor caldo de pollo

**SALEN** 1,5-2 L (1 ½-2 CUARTOS DE GALÓN) · **PREPARACIÓN** 15 MIN · **COCCIÓN** 4 ½ HORAS

2 kg (4 lb 6 oz) de alitas de pollo de calidad
2 manojos de cebolletas, limpias y aplastadas
1 trozo de jengibre fresco de 10 cm (4 in), pelado, aplastado y en rodajas gruesas
60 ml (¼ de taza) de vino de arroz de Shaoxing o agua
4 setas shiitake secas
3-4 cucharadas de salsa de soja clara
1 cucharadita de sal

**NOTA**
Si usas dos estantes del horno para cocinar las alitas, intercambia su posición a media cocción.

**La calidad del caldo realza o estropea la sopa de noodles. Este caldo es de gusto intenso, consistencia untuosa y color precioso. Es todo umami. Su intenso sabor a pollo procede de una parte del pollo muy infrautilizada: la humilde ala. Al asarla, la gelatina y grasa del hueso y la piel caramelizan y crean el delicioso aroma y sabor. Gracias a estas gelatinas y grasas, no solo el caldo es sabroso, sino que además adquiere una agradable textura sedosa.**

Precalienta el horno a 200 °C (400 °F/Gas 6).

Dispón las alitas de pollo de manera uniforme, en una gran bandeja para hornear, o usa dos si es necesario, dejando espacio entre las alitas para que circule el aire: así quedan bien crujientes y jugosas.

Ásalas en el horno durante 30 minutos. Añade la cebolleta y el jengibre y mójalas con la grasa y el jugo del fondo de la bandeja. Vuelve a meterlas en el horno para que se asen 20 minutos más. ¡Vigila para que no se queme la cebolleta!

Saca la bandeja del horno, y traslada las alitas, la cebolleta y el jengibre a una olla grande con todo el jugo posible de la cocción: rasca los lados de la bandeja con una espátula para meterlo todo en la olla. Ahora pon la bandeja a fuego medio en los fogones y añade el vino de arroz de Shaoxing o agua. Desglasa moviendo la bandeja y desprende los trocitos crujientes pegados en el fondo con la espátula. Luego, añade esta mezcla a la olla. ¡La bandeja debería quedar bastante limpia!

Incorpora las setas, la salsa de soja y la sal a la olla, y llénala con agua fría, la justa para sumergir las alitas. En mi olla, caben unos 2 litros (2 cuartos de galón). Lleva a ebullición e, inmediatamente, baja el fuego. Tapa y cuece a fuego muy bajo durante 3 ½ horas: cuanto más tiempo cueza, más sabor soltará el pollo.

Retira la olla del fuego y deja que se temple. Forra un colador con una tela de muselina y disponla sobre un cuenco grande. Vierte el contenido de la olla a través del colador. Ejerce presión sobre los ingredientes para que desprendan todo su preciado jugo.

Ahora puedes desechar los ingredientes sólidos. El caldo lucirá una lustrosa capa de grasa en la superficie, y un delicado y rico color marrón claro. Pruébalo y rectifica de sal.

En este punto, puedes decantar el caldo en recipientes con tapa individuales (cada uno con capacidad de unos 200 ml/¾ de taza) y congélalos o úsalos al momento.

# Caldo de cebolla a la plancha

**VG · SALEN** 2 L (2 CUARTOS DE GALÓN) · **PREPARACIÓN** 10 MIN · **COCCIÓN** 3 ½-4 ½ HORAS

2 cebollas grandes (sin pelar), partidas por la mitad
1 trozo de jengibre fresco de 5 cm (2 in), en rodajas
½ cabeza de ajos
1 puerro, cortado por la mitad a lo largo
2 zanahorias, peladas y en trozos grandes
½ repollo chino, troceado bastamente
8 setas shiitake secas
1 lámina de alga kombu seca
100 g (4 oz) de rábano daikon, troceado bastamente
1 cucharada de sal marina fina
1 cucharada de granos de pimienta negra
3 cucharadas de salsa de soja clara
3 cucharadas de vino de arroz de Shaoxing

**El alga kombu y las setas shiitake son los ingredientes originales de sabor umami. A partir de ellos, el profesor Kikunae Ikeda y el doctor Akira Kuninaka aislaron el glutamato, guanilato e inosinato, los compuestos responsables del sabor umami. Además, churruscar las hortalizas induce la caramelización de los azúcares, lo cual añade dulzor a este caldo lleno de riqueza gustativa.**

Precalienta el horno a 200 °C (400 °F/Gas 6).

Añade las cebollas, el jengibre, el ajo, el puerro, las zanahorias y el repollo a una bandeja de hornear, con la parte de la piel hacia arriba, en los casos que sea posible. Introduce la bandeja en el horno y ásalo todo unos 25 minutos hasta que los bordes de las hortalizas empiecen a tostarse.

Mientras tanto, llena una olla con 2 litros (2 cuartos de galón) de agua y añade las setas, el alga kombu, el rábano, la sal, los granos de pimienta, la salsa de soja y el vino de arroz. Cuando las hortalizas al horno estén listas, añádelas a la olla, con piel y todo. Lleva a ebullición, baja el fuego y cuece a fuego bajo 3-4 horas.

Pasado este tiempo, el caldo habrá adquirido un tono pardo. Forra un colador grande con una tela de muselina y disponlo sobre un cuenco grande. Cuela el contenido de la olla. Deja que el caldo se filtre sin presionar las hortalizas. Desecha los ingredientes sólidos que queden en el colador, aclara la muselina con agua caliente y luego forra el colador de nuevo y vuelve a colar el caldo.

Ahora puedes decantar el caldo en recipientes individuales con tapa (cada uno con capacidad para unos 200 ml/¾ de taza) y congelarlo o utilizarlo enseguida.

# Tentempiés, salsas y acompañamientos

En este capítulo, encontrarás recetas para complementar los platos noodles y dumplings que se ofrecen en el libro, y transformarlos de plato único a festín para compartir o cena especial. Muchas son ideales para servir solas junto a una cerveza fría, o bien añadirlas sin más ceremonia sobre un montón de arroz.

# Verduras al wok con ajo

**VG · RACIONES** 2 COMO PLATO PRINCIPAL O 4 COMO GUARNICIÓN · **PREPARACIÓN** 5 MIN
**COCCIÓN** 5 MIN

Unos 400 g (14 oz) de pak choi (bok choy), choi sum o brócoli bimi
1 cucharada aceite de sabor neutro
4 dientes de ajo, en láminas
1 cucharada de vino de arroz de Shaoxing
¼ de cucharadita de sal
¼ de cucharadita de azúcar moreno claro
Una pizca de pimienta blanca recién molida
1 cucharadita de aceite de sésamo
1 cucharada de salsa de soja clara
1 cucharada de ajo crujiente (comprado) o Toque final crujiente (véase la p. 179)

**Una guarnición de verduras no solo es sana, sino una gran manera de equilibrar una comida. Sirve las verduras con un plato de noodles con carne para aportar color y frescura, o junto a una bandeja de dumplings para convertir un tentempié en una cena.**

Si usas la col pak choi (bok choy), corta la base de cada bulbo y luego parte la col por la mitad. Si utilizas coles mini o baby, practica una incisión en la base, pero deja los bulbos enteros. Lava bien las hojas.

Calienta el aceite en un wok o una sartén a fuego medio-alto y añade el ajo, removiendo rápido unos 30 segundos hasta que suelte su aroma. Añade la col pak choi (o el choi sum o el brócoli) y sofríe 2-3 minutos, luego incorpora el vino de arroz y deja que el alcohol se evapore. Añade la sal, el azúcar, la pimienta, el aceite de sésamo y la salsa de soja. Revuélvelo todo y retira del fuego. La col debería conservar su tono verde brillante y quedar al dente al tiempo que cocida. Pásalo a una fuente y espolvorea con el condimento crujiente que uses.

Sirve junto a tu plato preferido. Es una guarnición ideal para los Noodles biang biang con aceite caliente (véase la p. 118).

# Brócoli chino con salsa de ostra

**RACIONES** 2 COMO PLATO PRINCIPAL O 4 COMO GUARNICIÓN · **PREPARACIÓN** 5 MIN
**COCCIÓN** 5 MIN

Unos 400 g (14 oz) de brócoli chino (kai lan) o brócoli bimi
1 cucharadita de aceite de sabor neutro
1 diente de ajo, rallado
2 cucharadas de salsa de ostra
1 cucharada de salsa de soja clara
1 cucharadita de aceite de sésamo
1 cucharadita de azúcar moreno claro
2 cucharadas de caldo de pollo (véase la receta de la p. 144) o agua
Una pizca de pimienta blanca recién molida

**El brócoli chino es una de mis verduras de hoja preferidas. Es ligero y crujiente, a medio camino entre el brócoli y el choi sum. Así es como suele servirse en los carritos de platos dim sum tradicionales, y resulta fácil prepararlo en casa.**

Prepara el brócoli chino (kai lan) cortando los extremos más duros, luego lávalo bien. Echa 100 ml (½ taza) de agua en un wok o sartén y llévala a ebullición a fuego alto. Añade el brócoli chino o bimi y escáldalo 30 segundos hasta que quede al dente, pero sin perder su color verde vivo. Escurre y reserva.

Vacía el wok y añade el aceite. Sofríe el ajo brevemente, a fuego medio, y luego incorpora la salsa de ostra, la salsa de soja, el aceite de sésamo, el azúcar, el caldo o el agua y la pimienta blanca. Mezcla bien, lleva a ebullición, y cuece 2-3 minutos o hasta que la salsa haya reducido de modo que no resbale enseguida del dorso de una cuchara. Añade el brócoli chino escaldado al wok y revuelve con la salsa, dejando que se cocine 1 minuto más.

# Repollo chino y shiitake a la plancha

**VG · RACIONES** 2 COMO PLATO PRINCIPAL O 4 COMO GUARNICIÓN
**PREPARACIÓN** 5 MIN + REMOJO · **COCCIÓN** 5 MIN

3 setas shiitake secas
1 cucharada aceite de sabor neutro
2 dientes de ajo, rallados
1 chile rojo grande, sin semillas y en rodajas
Unos 400 g (14 oz) de repollo chino, en dados de 2,5 cm (1 in)
½ cucharadita de sal marina fina
1 cucharada de pasta doubanjiang

**El repollo chino es algo que siempre tengo en el frigorífico, porque lo uso mucho para rellenar dumplings. Esta es una buena manera de utilizarlo entero, animado con algunos ingredientes de la despensa.**

Pon las setas en un bol, vierte unos 150 ml (⅔ de taza) de agua hirviendo encima y deja en remojo 30 minutos, o hasta que se rehidraten. Retira las setas del líquido de remojo, reservando el líquido, y córtalas en láminas, desechando los tallos.

Calienta el aceite en un wok o una sartén a fuego alto. Añade el ajo y el chile y sofríelos 30 segundos para que suelten su aroma. Añade las setas shiitake, el repollo y la sal. Remueve constantemente los ingredientes mientras se sofríen durante 30 segundos. Incorpora el líquido reservado del remojo y la pasta doubanjiang. Lleva a ebullición para que el líquido reduzca durante 2-3 minutos. El repollo debería ablandarse pero conservar su color verde.

# Pak choi con gambas secas

**RACIONES** 2 COMO PLATO PRINCIPAL O 4 COMO GUARNICIÓN · **PREPARACIÓN** 5 MIN + REMOJO
**COCCIÓN** 5 MIN

1 cucharada aceite de sabor neutro
2 cucharadas de gambas secas, rehidratadas en agua hirviendo, escurridas y secadas con papel de cocina
Unos 400 g (14 oz) de pak choi baby (o normal), cortada en cuartos a lo largo
1 cucharada de vino de arroz de Shaoxing
1 cucharada de salsa de soja clara
Una pizca de pimienta blanca recién molida
Una pizca de sal marina fina

**La col pak choi es una de las primeras hojas verdes asiáticas que cociné y casi siempre tengo en el frigorífico. Es fácil encontrarla en muchos supermercados. Las gambas secas son una buena opción para aportar un gran sabor umami a esta humilde verdura.**

Calienta el aceite en un wok a fuego alto, añade las gambas rehidratadas y sofríelas unos 45 segundos para que desprendan su aroma. Añade el pak choi (bok choy) y remueve para que se impregne del aceite. Incorpora el vino de arroz y deja que burbujee unos 30 segundos para que se evapore el alcohol, luego añade la salsa de soja y un chorrito de agua. Sofríelo un minuto más, hasta que las hojas se enmustien pero no pierdan el color y todo el líquido se evapore. Salpimienta.

# Ensalada de pepino

**VG · RACIONES** 2 COMO GUARNICIÓN · **PREPARACIÓN** 10 MIN + SALADO · **COCCIÓN** 2 MIN

1 pepino entero, cortado por la mitad a lo largo, sin semillas y en bastoncitos
1 cucharadita de azúcar extrafino
1 cucharadita de sal marina fina
2 cucharaditas de semillas de sésamo, tostadas (véase la p. 13)
1 puñado de cilantro, troceado

**Para el aliño**

½ cucharada de aceite de sésamo
1 cucharada de salsa de soja clara
1 cucharadita de azúcar moreno claro
1 cucharada de vinagre de arroz negro Chinkiang
2 dientes de ajo, rallados
1 cucharada de Aceite de pimienta de Sichuan (véase la p. 180) o guindilla crujiente en aceite Lao Gan Ma
1 cucharadita de pasta de sésamo

**Los pepinos son perfectos como contrapunto refrescante junto a platos especiados o ricos en hidratos de carbono. Al chafarlos, se agrietan y se crea una interesante textura, además de conseguir que el aliño penetre y sepan aún más ricos.**

Pon los bastoncitos de pepino en un colador grande y revuélvelos con el azúcar y la sal. Deja reposar, sobre el fregadero o un bol, durante 15 minutos. Acláralos y sécalos con cuidado con papel de cocina.

Con la mano de mortero o el extremo de un rodillo, golpea suavemente el pepino para agrietarlo.

En un bol, mezcla todos los ingredientes para el aliño. Revuelve los pepinos en el aliño, luego espolvorea las semillas de sésamo y el cilantro por encima y sirve.

# Ensalada arcoíris con soba

**V** · **RACIONES** 6-8 COMO GUARNICIÓN · **PREPARACIÓN** 15 MIN · **COCCIÓN** 5 MIN

Unos 400 g (14 oz) de noodles soba secos (4 nidos)
2 zanahorias medianas, peladas y en juliana
1 pimiento rojo, en juliana
1 pimiento amarillo, en juliana
250 g (9 oz) de tomates cherry surtidos (rojos, anaranjados y amarillos, si es posible), partidos por la mitad
¼ de col lombarda, en tiras
4 cebolletas, en juliana
8 rábanos, en rodajas finas
2 chiles rojos grandes, sin semillas y en juliana
1 puñadito de cilantro, troceado bastamente
1 puñadito de hojas de menta, troceadas bastamente
1 puñadito de hojas de albahaca, rasgadas
2 puñados de cacahuetes tostados, troceados bastamente o picados
3 cucharadas de semillas de sésamo, tostadas (véase la p. 13)
Sal, al gusto

**Para el aliño**
5 cucharadas de aceite de oliva virgen extra
1 cucharada de aceite de sésamo
3 cucharadas de vinagre de vino tinto o de jerez
2 cucharadas de salsa de soja clara
1 trozo de jengibre fresco de 2,5 cm (1 in), pelado y rallado
Zumo y raspadura de 1 naranja
1 diente de ajo, rallado
1 cucharada de miel líquida

**Preparé esta receta para un encuentro familiar en el campo, en Peak District, y tuvo un éxito tremendo, incluso con los niños.**

Cocina los noodles en agua salada hirviendo según las instrucciones del paquete. No los cuezas en exceso. Escurre y acláralos con abundante agua fría antes de reservarlos.

Con un batidor manual o eléctrico, mezcla todos los ingredientes para el aliño y reserva.

Combina todas las hortalizas con la mitad de las hierbas aromáticas en un cuenco grande. Revuélvelas con los noodles, luego rocíalo con el aliño y remueve para que todo quede impregnado y lustroso.

Sirve en una bandeja grande, con el resto de las hierbas, los cacahuetes y las semillas de sésamo por encima, y un poco de sal.

# Patatas picantes crujientes

**VG · RACIONES** 4 COMO GUARNICIÓN O TENTEMPIÉ · **PREPARACIÓN** 10 MIN · **COCCIÓN** 1 HORA

500 g (1 lb 2 oz) de patatas baby o mini
2 cucharadas de aceite de sabor neutro
3 dientes de ajo, rallados
1 trozo de jengibre fresco de 2,5 cm (1 in), pelado y rallado
½ cebolla morada, en láminas finas
2 cebolletas, en láminas finas

**Para la mezcla de especias**
1 cucharadita de semillas de sésamo, tostadas (véase la p. 13)
1 cucharadita de chile en polvo
½ cucharadita de pimienta de Sichuan recién molida
1 cucharadita de comino molido
1 cucharadita de azúcar moreno claro
½ cucharadita de pimentón ahumado
½ cucharadita de sal marina fina

**Los vendedores de patatas picantes abundan en los lugares de interés turístico del barrio musulmán de Xi'an. Los woks producen llamaradas al voltear las patatas en el aire, que luego se sirven untadas con chile y otras especias y se comen con un palillo de cóctel de un vasito de papel. No vi este plato en ninguno de los establecimientos del lugar, pero resultaba un bocado sabroso para tomar y sentarse a ver pasar a la gente en la zona turística.**

Precalienta el horno a 180 °C (350 °F/Gas 4).

Pon las patatas en una bandeja de hornear y revuélvelas con la mitad del aceite. Ásalas en el horno durante 1 hora, removiéndolas a media cocción, o hasta que queden tiernas y doradas.

En un bol pequeño, combina todos los ingredientes para la mezcla de especias y reserva.

Calienta el resto del aceite en un wok o una sartén a fuego alto. Añade el ajo y el jengibre y sofríelos 30 segundos. Añade la cebolla morada y sofríe 30 segundos más. Agrega las especias y sofríe otros 30 segundos mientras remueves para que la cebolla y el jengibre se impregnen. Incorpora las patatas asadas y revuélvelas en el aceite aromatizado. Retira del fuego y añade la cebolleta para servir.

# Maíz con mantequilla de miso

**V · RACIONES** 4 · **PREPARACIÓN** 5 MIN · **COCCIÓN** 15 MIN

6 cucharadas de pan rallado panko
1 cucharada de semillas de sésamo
1 cucharada de mezcla de especias shichimi
6 cucharadas de mantequilla de calidad, atemperada
3 cucharadas de miso blanco
4 mazorcas de maíz grandes
1 puñadito de cilantro, troceado bastamente

**Pocas cosas son más sabrosas que una mazorca de maíz recién asada, caliente y untada con mantequilla, a excepción tal vez de una mazorca de maíz caliente untada con mantequilla de miso y cubierta de tropezones crujientes y especiados.**

Calienta una sartén antiadherente grande a fuego medio y tuesta el pan rallado panko y las semillas de sésamo durante 1-2 minutos hasta que se doren. Retira del fuego, añade la mezcla de especias shichimi y reserva.

Mezcla la mantequilla con el miso. Extiende la mitad de la mantequilla sobre las mazorcas y ásalas en una parrilla caliente o bajo el gratinador muy caliente durante 6-8 minutos, dándoles la vuelta varias veces. Úntalas con el resto de mantequilla.

Una vez asadas, haz rodar las mazorcas por el pan rallado con especias tostado, échales el cilantro por encima y cómelas inmediatamente.

# Tamago sando (sándwich de tortilla japonés)

**RACIONES** 1-2 · **PREPARACIÓN** 10 MIN · **COCCIÓN** 15 MIN

3 huevos medianos
1 cucharadita de aceite de sabor neutro
1 cucharada de mantequilla, atemperada
2 rebanadas de pan blanco o de molde (sin corteza, ¡para un efecto más clásico!)
1 cucharada de mayonesa japonesa Kewpie
1 cucharada de virutas de katsuobushi (opcional)
1 cucharadita de furikake (opcional)

**Para la salsa**
3 cucharadas de caldo dashi
½ cucharadita de sal marina fina
2 cucharaditas de azúcar moreno claro
1 cucharadita de salsa de soja clara
1 cucharadita de mirin

**El primer tamago sando lo probé en las calles de Osaka antes de subir al tren bala hacia el aeropuerto. Venía cuidadosamente envuelto en una cajita roja, al más puro estilo japonés. No comprendía cómo era posible que el huevo siguiera tan blando y esponjoso a la vez que cuajado. Un concepto simple –un sándwich de huevo– que a la japonesa resulta excepcional.**

Combina todos los ingredientes para la salsa y remueve hasta que el azúcar se disuelva. Bate los huevos en otro bol y añade la salsa.

Calienta el aceite en una sartén antiadherente a fuego medio. Extiende el aceite por la sartén con un papel de cocina para que forme una fina capa.

Añade una cuarta parte de la mezcla de huevo a la sartén y cuece 1 minuto. La parte inferior quedará cuajada pero húmeda por encima: no pasa nada. Dobla la tortilla por la mitad y muévela al otro lado de la sartén. Usa el papel aceitoso para añadir más aceite a la sartén, luego añade otro cuarto de la mezcla, bajo la primera tortilla. Repite la misma operación: cocer 1 minuto y doblar por la mitad, incorporando la tortilla original. Repite con el resto de la mezcla de huevo. El resultado debería ser una tortilla jugosa, apenas cuajada, con toda la mezcla de huevo.

Unta las dos rebanadas de pan con mantequilla y dales la vuelta para que quede la parte untada hacia abajo. Añade la mayonesa y la tortilla (más los virutas de katsuobushi y furikake, si las usas) sobre una de las rebanadas de pan, y coloca la otra encima. Pon el sándwich en la sartén, con la parte untada con mantequilla abajo, y cocina a fuego medio durante 2-3 minutos hasta que el pan se dore. Repite por el otro lado, presionando suavemente el sándwich con una espátula. Sirve inmediatamente.

# Tortitas Shanghái de cebolleta

**V · RACIONES** 4 · **PREPARACIÓN** 35 MIN · **COCCIÓN** 50-60 MIN

360 g (2 ¾ tazas) de harina multiusos
¼ de cucharadita de sal marina fina
2 cucharaditas de azúcar moreno claro
3 cucharadas de aceite de sabor neutro, y un poco más para engrasar y freír

**Para la pasta y relleno**
1 cucharada de margarina vegetal
1 cucharada de aceite de sabor neutro
½ cucharada de sal marina fina
¼ de cucharadita de pimienta blanca recién molida
½ cucharadita de pimienta de Sichuan recién molida (opcional)
6 (más o menos 1 manojo) cebolletas, en láminas finas
½ cucharada de harina multiusos
¼ de cucharadita de levadura en polvo
2 cucharadas de semillas de sésamo, tostadas (véase la p. 13)

**Para servir**
2 cucharadas de Aceite de pimienta de Sichuan (véase la p. 180)

**Utensilios especiales**
Robot de cocina

**NOTA**
Ve dejando cada tortita que hagas sobre una rejilla dentro del horno para mantenerlas calientes a fuego bajo mientras cocinas el resto.

**Las tortitas de cebolleta se preparan de maneras diferentes en distintos lugares de China. La variedad de Shanghái, famosa como desayuno callejero, es mi favorita: tortitas gruesas, hojaldradas y crujientes. Colas de clientes rodean los puestos más populares cada mañana y solo desaparecen cuando las han vendido todas.**

Pon la harina, sal y azúcar en el bol del robot de cocina, luego vierte 100 ml (½ taza) de agua caliente y mezcla con el gancho de amasar hasta que la masa quede aglomerada y haya absorbido toda el agua. A continuación echa 80 ml (⅓ de taza) de agua fría y mezcla 3 minutos hasta que se absorba. Añade el aceite y mezcla a velocidad media-alta durante 5 minutos. La masa debe quedar suave y lustrosa, y acabará despegándose de las paredes del bol. Desmonta el gancho y cubre la masa con un trapo de cocina limpio humedecido, y deja reposar una hora.

Ahora, prepara la pasta. Derrite la margarina vegetal y añádela a una mini batidora, luego añade el aceite, la sal, la pimienta blanca, la pimienta de Sichuan molida y la mitad de las cebolletas, y tritura para obtener un líquido verde. Incorpora la harina y la levadura en polvo y reserva.

Cuando la masa haya reposado, disponla sobre una superficie de trabajo. Estará blanda: puedes untar la superficie de trabajo con un poco de aceite para que no se pegue. Divide la masa en cuatro partes (de unos 125 g/4 ½ oz cada una, aunque no hace falta que sea exacto). Mientras trabajas con una parte, tapa las otras tres. Forma una tira el triple de larga que de ancha (de unos 35 cm × 14 cm / 14 in × 5 ½ in). Extiende una cuarta parte de la pasta verde en el centro de la masa. Espolvorea una cuarta parte del resto de la cebolleta y ½ cucharada de semillas de sésamo tostadas.

Empezando por el extremo corto, enrolla la masa de arriba abajo. Mete los lados mientras lo haces para que la pasta y la cebolleta queden dentro. Obtendrás un ovillo de masa abultado. Ponlo sobre un lado y aplánalo con la palma de la mano, luego extiéndelo con cuidado con ayuda del rodillo hasta que alcance 1,5-2 cm (-¾ in) de grosor. Si presionas demasiado con el rodillo, la tortita podría explotar. No pasa nada si de momento queda gruesa: se aplanará más durante la cocción. Déjala sobre papel vegetal y repite el proceso para dar forma a las otras tres tortitas.

Precalienta el horno a 150 °C (300 °F/Gas 2).

Para cocerlas, calienta un poco de aceite a fuego medio en una sartén antiadherente de base gruesa. Fríe las tortitas de una en una durante 6-8 minutos por lado hasta que se doren, y usa una tapa pequeña, una espátula grande o un plato para aplanarlas hasta que tengan un grosor de 1 cm (½ in) mientras las cocinas. Sirve con Aceite de pimienta de Sichuan (véase la p. 180).

# Okonomiyaki

**RACIONES** 2 · **PREPARACIÓN** 15 MIN + REPOSO · **COCCIÓN** 10 MIN

120 g (1 taza) de harina multiusos
½ cucharadita de levadura en polvo
¼ de cucharadita de sal marina fina
¼ de cucharadita de azúcar moreno claro
160 g (5 ½ oz) de ñame chino (batata de China) o patata, pelada y rallada
180 ml (¾ de taza) de caldo dashi
2 huevos medianos, batidos
½ repollo chino, sin la parte central, las hojas en tiras
1 cucharada de aceite de sabor neutro
200 g (⅔ de taza) de langostinos crudos pelados, frescos o congelados y descongelados; o 200 g (7 oz) de calamar crudo limpio con tentáculos (o 100 g/4 oz de cada)

**Para servir**
1 cucharada de salsa okonomiyaki (véase la nota para la receta casera)
1 cucharada de mayonesa japonesa Kewpie
2 cucharadas de virutas de katsuobushi
1 lámina de alga nori, tostada y molida (véase la p. 11)

**Utensilios especiales**
Robot de cocina (opcional)

**En los establecimientos de plancha teppan suele servirse okonomiyaki junto con noodles yakisoba (véase la p. 98), cocinados delante del cliente y con virutas de katsuobushi por encima bailando una danza hipnótica. La palabra okonomiyaki se podría traducir literalmente como «plancha al gusto» -*okonomi* significa «como quieras» y *yaki*, «plancha»- y existen cientos de variaciones de este plato. Yo utilizo marisco para esta receta, pero fiel al espíritu del plato, puedes usar lo que tengas a mano. Es tradicional añadir panceta o ternera. También queda de maravilla con setas shiitake o tofu prensado con especias.**

En un bol grande o el vaso del robot de cocina, combina la harina, la levadura en polvo, la sal, el azúcar, el ñame (o patata) y el caldo. Mezcla bien para formar una pasta y déjala reposar en el frigorífico entre 30 minutos y 1 hora.

Saca la pasta del frigorífico, añade los huevos y el repollo y mézclalo. Calienta una sartén antiadherente o una plancha de hierro fundido a fuego medio y añade el aceite. Echa la pasta y el repollo a la sartén, y espárcela hasta que tenga un grosor de 2,5 cm (1 in). Cocínala suavemente durante 5 minutos. Agrega el marisco sobre la torta (la parte no cocida) y luego pásalo a una bandeja grande, vigilando que la parte no cocida quede siempre arriba. Invierte la sartén sobre la bandeja, y vuelca el contenido de nuevo en la sartén, con la parte no cocida bocabajo. Deja que se cocine 4 minutos más, con tapa. El centro de la torta quedará jugoso pero cocido, y los márgenes crujientes y dorados.

Sirve la torta en una bandeja con salsa okonomiyaki por encima. Decora con líneas de mayonesa y crea un bonito dibujo si te apetece. Espolvorea con katsuobushi y el alga nori, corta en cuatro partes y sirve.

**NOTA**
Como alternativa a la salsa okonomiyaki comercial (yo uso la marca Otafuku), mezcla 2 cucharadas de salsa Worcester con otras 2 de kétchup, más 1 cucharada de salsa de ostra y 1 de azúcar moreno claro.

# Korokke de boniato al curri

**SALEN** UNAS 10 UNIDADES · **PREPARACIÓN** 15 MIN · **COCCIÓN** 30 MIN

1 boniato grande (400-500 g/14 oz-1 lb 2 oz)
1 chile rojo pequeño, sin semillas y picado
3 pastillas de curri japonés (como las Golden Curry), disueltas en 3 cucharadas de agua hirviendo
1 trozo de jengibre fresco de 4 cm (1 ½ in), pelado y rallado
1 cucharadita de sal
2 cucharaditas de aceite de sésamo
1 cucharada de salsa de soja clara
7 cucharadas de pan rallado panko, y un poco más para empanar
4 cucharadas de aquafaba (véase la nota) o 1 huevo, batido
1 cucharada de mezcla de especias shichimi
Aceite de sabor neutro, para freír
3 cucharadas de salsa tonkatsu, para servir

**NOTA**

La aquafaba es básicamente el líquido de cocción de las legumbres, que posee algunas de las propiedades de la clara de huevo. Lo más sencillo es aprovechar el agua de un bote de garbanzos en conserva.

**Este apetitoso tentempié era uno de mis favoritos cuando iba de regreso a mi hotel en Tokio, o bien para llevar si iba a hacer un viaje en tren. Había un pequeño establecimiento de curri japonés cerca del hotel donde vendían los platos más típicos: arroz al curri, noodles udon al curri (véase la p. 137), etcétera. Pero también se podían comprar varios tipos de croquetas para llevar. El olor que llegaba de aquella cocina era demasiado delicioso para pasar sin detenerse. Estas bolas korokke de boniato eran mis preferidas: boniato blandito al curri, empanado y frito. Las bolas que servían eran más grandes que una croqueta normal. Yo he adaptado la receta para obtener versiones más pequeñas, de tamaño bocado.**

Para preparar el relleno, pincha el boniato varias veces con un cuchillo afilado y ponlo en una bandeja de hornear, en la parte central para que se hornee durante 45-50 minutos o hasta que se ablande. O bien, si usas el horno microondas, pincha el boniato y ponlo en un plato apto para el microondas, tápalo con papel film transparente y practica un agujero en el centro para que pueda salir el vapor. Cocínalo a potencia alta unos 8-10 minutos, hasta que quede tierno. Ten cuidado al retirar el papel film porque saldrá vapor caliente. Retira la pulpa y añádela a un cuenco grande. Mézclala con el chile, las pastillas deshechas, el jengibre, la sal, el aceite de sésamo y la salsa de soja para formar una pasta. Añade las 7 cucharadas de panko y reserva en el frigorífico durante 20 minutos para que adquiera firmeza. Si la mezcla parece demasiado húmeda pasado este tiempo, añade más panko.

Forra una bandeja con papel vegetal.

Forma unas diez croquetas de boniato con la ayuda de dos cucharitas mojadas en agua fría: con una cuchara en cada mano, toma una cucharada de pasta con una cuchara y luego pásala con cuidado a la otra cuchara, girando la primera. Repite el proceso y moja las cucharas en el agua entre cucharadas. Las croquetas deben ser ovaladas. Disponlas sobre el papel vegetal e introdúcelas en el congelador durante una hora o hasta que endurezcan.

Llena un bol con la aquafaba o el huevo y otro bol con el pan rallado panko (unos 125 g/3 tazas) mezclado con las especias shichimi. Pasa cada croqueta primero por la aquafaba o el huevo y luego por el panko para empanarlas.

Calienta un wok o una sartén grande a fuego medio-alto y llénala de aceite de sabor neutro hasta una profundidad de 4 cm (1 ½ in). Fríe las croquetas por tandas durante 3-4 minutos, hasta que se doren y queden crujientes por fuera. Pásalas de la sartén a una bandeja forrada con papel de cocina para que absorba el exceso de aceite. Sirve con la salsa tonkatsu.

Estas korokke son ideales tal cual con una cerveza o para acompañarlas de una Ensalada arcoíris con soba o unos Noodles soba con brócoli a la plancha (véanse las pp. 158 y 121).

# Tostadas de pan de langostino

**RACIONES** 4 · **PREPARACIÓN** 20 MIN · **COCCIÓN** 25-30 MIN

500 g (1 ½ tazas) de langostinos crudos pelados: frescos o congelados y descongelados
2 cucharadas de manteca de cerdo (o margarina vegetal, para piscivegetarianos)
2 cebolletas
1 cucharadita de jengibre molido
1 cucharadita de azúcar moreno claro
1 cucharadita de sal marina fina
2 cucharaditas de harina de maíz
2 cucharaditas de aceite de sésamo
5 cucharadas de semillas de sésamo blanco
5 cucharadas de semillas de sésamo negro
4 rebanadas de pan de molde blanco sin corteza
Aceite de sabor neutro, para freír

**Para servir**
1 cucharada de mayonesa japonesa Kewpie
2 cucharadas de virutas de katsuobushi
1 lámina de alga nori, tostada y molida (véase la p. 11)

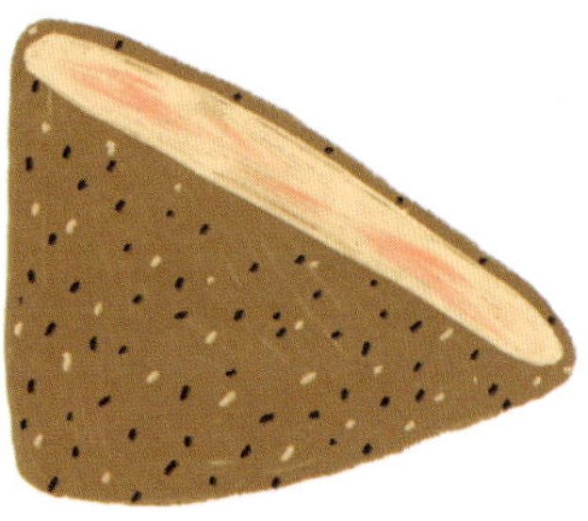

**Me encantan las tostadas con langostino. Me producen nostalgia. El aroma de pan blanco frito con sabor a langostino me transporta al plato clásico de comida china para llevar típico en Estados Unidos. Pero rara vez lo sirven con suficiente marisco para mi gusto. O sea que me propuse elaborar yo misma la tostada con marisco de mis sueños.**

Añade la mitad de los langostinos al vaso del procesador de alimentos con la manteca de cerdo (o margarina vegetal), las cebolletas, el jengibre, el azúcar, la sal, la harina de maíz y el aceite de sésamo. Tritura para obtener una pasta.

Corta el resto de langostinos en trozos de 1 cm (½ in), luego añádelos al procesador de alimentos y mézclalos con la pasta con dos o tres pulsaciones, de modo que aporten variedad de textura.

Pon las semillas de sésamo blancas y negras en un plato llano. Extiende una cuarta parte de la pasta de langostinos sobre una rebanada de pan, de forma que la pasta tenga alrededor de 1 cm (½ in) de grosor. Con cuidado, coloca el pan, con la pasta hacia abajo, sobre las semillas de sésamo, así las semillas rebozarán la pasta de langostino. Dispón el pan, con la cara sin pasta debajo, sobre una bandeja forrada con papel vegetal, luego repite la operación con el resto del relleno y rebanadas de pan.

Cuando te dispongas a cocinar las tostadas, añade suficiente aceite en una sartén grande para llenarla con una profundidad de unos 2 cm (¾ in). Para comprobar si el aceite está lo bastante caliente, pon un trocito de pan en la sartén; cuando empiece a burbujear, el aceite habrá alcanzado la temperatura correcta.

Fríe las tostadas por tandas durante 3-4 minutos por cada lado, luego escúrrelas sobre papel de cocina.

Corta las tostadas en diagonal, en cuatro partes, y sirve con mayonesa Kewpie, virutas de katsuobushi y alga nori.

# Tostadas de pan de langostino veganas

**VG · RACIONES** 4 · **PREPARACIÓN** 15 MIN · **COCCIÓN** 25-30 MIN

300 g (11 oz) de tofu extrafirme
3 cucharadas de gránulos para dashi veganos
1 trozo de jengibre fresco de 1 cm (½ in), pelado y rallado
1 diente de ajo, rallado
1 cucharada de salsa de soja clara
1 cucharada de salsa de ostra vegana
1 cucharadita de aceite de sésamo
1 cucharada de harina de maíz
5 cucharadas de semillas de sésamo blanco
5 cucharadas de semillas de sésamo negro
4 rebanadas de pan de molde blanco sin corteza
Aceite de sabor neutro, para freír

**Para servir**

Aceite picante (receta casera en la p. 180), opcional

**El secreto del falso langostino radica en el sabor de los gránulos veganos para dashi. Se pueden comprar gránulos para dashi con alga kombu en polvo de la marca Shimaya por internet. De hecho, muchos de mis amigos prefieren esta versión a las tostadas con langostino de verdad (véase la p. 172).**

Añade el tofu al vaso del procesador de alimentos con los gránulos para dashi, el jengibre, el ajo, la salsa de soja, la salsa de ostra vegana, el aceite de sésamo y la harina de maíz. Tritura para obtener una pasta.

Pon las semillas de sésamo blancas y negras en un plato llano. Extiende una cuarta parte de la pasta de tofu sobre una rebanada de pan, de forma que la pasta tenga alrededor de 1 cm (½ in) de grosor. Con cuidado, coloca el pan, con la pasta hacia abajo, sobre las semillas de sésamo, así las semillas rebozarán la pasta de tofu. Dispón el pan, con la cara sin pasta debajo, sobre una bandeja forrada con papel vegetal, luego repite la operación con el resto del relleno y rebanadas de pan.

Cuando te dispongas a cocinar las tostadas, añade suficiente aceite en una sartén grande para llenarla con una profundidad de unos 2 cm (¾ in). Para comprobar si el aceite está lo bastante caliente, pon un trocito de pan en la sartén; cuando empiece a burbujear, el aceite habrá alcanzado la temperatura correcta.

Fríe las tostadas por tandas durante 3-4 minutos por cada lado, luego escúrrelas sobre papel de cocina.

Corta las tostadas en diagonal, en cuatro partes, y sirve con aceite picante.

# Rollitos de primavera vegetarianos adictivos

**VG · SALEN** 12 ROLLITOS PEQUEÑOS O 6 GRANDES · **PREPARACIÓN** 10 MIN · **COCCIÓN** 20 MIN

Aceite de sabor neutro, para freír
2 dientes de ajo, rallados
5 setas shiitake secas, remojadas y en láminas
8 hojas de repollo chino
1 zanahoria mediana, pelada y rallada
1 buen puñado de brotes de soja
3 cebolletas, en juliana
1 cucharada de salsa de soja clara
1 cucharadita de aceite de sésamo
1 cucharadita de azúcar moreno claro
Una pizca de pimienta blanca recién molida
Una pizca de sal marina fina
1 paquete de papel cuadrado para rollitos de primavera (fresco, o congelado y descongelado)

**Este es otro plato dim sum clásico que me resulta familiar, nostálgico y reconfortante. Los rollitos de primavera varían un poco según de dónde procedan, pero los tradicionales se servían como parte de la comida de celebración del Año Nuevo Chino. En mi caso, los tomaba los domingos junto con cestos humeantes con otros platos dim sum que compartía con mi abuelo.**

**Como las tostadas con langostino (véase la p. 172), prefiero los que preparo en casa. De este modo, puedo rellenarlos con ingredientes deliciosos y guardar unos cuantos en el congelador para días sin tiempo de cocinar. Son ideales como tentempié o como parte de una comida completa sobre unos noodles de arroz regados con Salsa picante Chiu Chow (véase la p. 182).**

Calienta un poco de aceite en un wok o sartén grande a fuego medio-alto. Añade el ajo y sofríelo unos 30 segundos o hasta que suelte su aroma. Añade las setas, el repollo y la zanahoria y sofríelo todo 2 minutos hasta que el repollo se ablande un poco. Incorpora los brotes de soja y cocina a fuego alto otros 2 minutos. La mayor parte de la humedad debería evaporarse. Retira del fuego y añade las cebolletas, la salsa de soja, el aceite de sésamo, el azúcar, la pimienta y la sal. Mezcla bien todos los ingredientes.

Dispón el papel para rollitos frente a ti, con una de las esquinas apuntando hacia ti, a modo de rombo. Añade unas 3 cucharadas de relleno en el tercio inferior. Envuelve la esquina inferior sobre el relleno y enrolla con una sola vuelta, de forma que la esquina inferior ahora quede metida bajo el relleno (véase la foto de la p. 176). Dobla las esquinas derecha e izquierda sobre el relleno. Con el dedo, moja la esquina superior con un poco de agua y acaba de enrollar el cilindro. Añade suficiente aceite al wok o sartén hasta una profundidad de 4-5 cm (1 ½-2 in) y calienta a fuego medio-alto. Fríe los rollitos de primavera por tandas durante 4-6 minutos hasta que estén dorados y crujientes. Escúrrelos sobre papel de cocina y sirve.

# Salsa dan dan instantánea

**VG · SALEN** 800 ML (3 ½ TAZAS) · **PREPARACIÓN** 5 MIN
**CONSERVACIÓN** HASTA 1 MES EN EL FRIGORÍFICO

150 ml (¾ de taza) de pasta de sésamo (o tahina)
75 g (⅓ de taza) de mantequilla de cacahuete
150 ml (⅔ de taza) del agua de cocción de los noodles
75 ml (⅓ de taza) de vinagre de arroz negro Chinkiang
150 ml (⅔ de taza) de salsa de soja clara
50 g (¼ de taza) de azúcar blanco extrafino
1 cucharadita de pimienta de Sichuan recién molida
4 cucharaditas de polvo de cinco especias chinas
150 ml (⅔ de taza) de aceite picante (receta casera en la p. 180)

Tritura todos los ingredientes con una batidora de mano y conserva en un tarro con brida de alambre esterilizado (véase la p. 9) en el frigorífico hasta su uso. Solo hay que remover la salsa con los noodles cocidos para un plato de pasta rápido.

# Salsa instantánea para noodles

**VG · SALEN** 260 ML (1 TAZA) · **PREPARACIÓN** 5 MIN
**CONSERVACIÓN** HASTA 1 MES EN EL FRIGORÍFICO

140 ml (⅔ de taza escasos) de salsa de soja clara
60 ml (¼ de taza) de vinagre de arroz negro Chinkiang
4 cucharadas de aceite picante (receta casera en la p. 180)
3 cucharaditas de azúcar moreno claro
3 cucharadas de Toque final crujiente (véase la p. 179) o cebolla crujiente envasada
1 cucharada de pasta doubanjiang

Tritura todos los ingredientes con una batidora de mano y conserva en un tarro con brida de alambre esterilizado (véase la p. 9) en el frigorífico hasta su uso. Solo hay que remover la salsa con los noodles cocidos para un plato de pasta rápido.

# Salsa de sésamo picante

**VG · SALEN** 800 ML (3 ½ TAZAS) · **PREPARACIÓN** 5 MIN
**CONSERVACIÓN** HASTA 1 MES EN EL FRIGORÍFICO

75 ml (⅓ de taza) de pasta de sésamo (o tahina)
150 g (⅔ de taza) de mantequilla de cacahuete
150 ml (⅔ de taza) de salsa de soja clara
100 ml (½ taza) de vinagre negro de arroz Chinkiang
5 cucharaditas de azúcar moreno claro
400 ml (1 ⅔ tazas) de agua caliente

Tritura todos los ingredientes con una batidora de mano y conserva en un tarro con brida de alambre esterilizado (véase la p. 9) en el frigorífico hasta su uso. Solo hay que remover la salsa con los noodles cocidos para un plato de pasta rápido.

# Toque final crujiente

**VG · SALE** 1 TARRO · **PREPARACIÓN** 10 MIN · **COCCIÓN** 10 MIN POR TANDA
**CONSERVACIÓN** HASTA 1 MES

8 cebollas escalonias asiáticas pequeñas o 6 alargadas, peladas
8-10 dientes de ajo, pelados
500 ml (2 tazas generosas) de aceite de sabor neutro
½ cucharadita de sal marina fina
¼ de cucharadita de pimienta blanca

Corta en láminas finas las cebollas y el ajo, con mandolina, si quieres.

Calienta el aceite en un wok o sartén grande a fuego medio. Añade las cebollas para que apenas se sofrían. Tal vez debas cocinarlas por tandas para no llenar demasiado la sartén. Este proceso pretende deshidratarlas lentamente, sin que se quemen. Reduce la temperatura si las cebollas empiezan a sofreírse demasiado, pero auméntala si no burbujean mínimamente. (La temperatura del aceite debería ser de 100-120 °C/ 210-250 °F.)

Pasados unos 10 minutos, las cebollas empezarán a dorarse. Retíralas del aceite con una espumadera y disponlas formando una capa sobre un par de papeles de cocina. Espolvoréalas con la mitad de la sal mientras aún estén calientes y déjalas airear 5 minutos para que queden crujientes.

Repite el proceso con el ajo, luego combina las cebollas con el ajo y revuélvelos junto con la pimienta blanca. Guárdalos en un tarro hermético (esterilizado según se explica en la p. 9) y consérvalos en la despensa para dar un toque personal a tus platos de pasta preferidos.

# Aceite de pimienta de Sichuan

**VG · SALEN** 750 ML (3 TAZAS GENEROSAS) · **PREPARACIÓN** 10 MIN + ENFRIAMIENTO
**COCCIÓN** 1-2 HORAS · **CONSERVACIÓN** HASTA 3 MESES EN EL FRIGORÍFICO

750 ml (3 tazas generosas) de aceite de sabor neutro (como el de cacahuete o de colza)
1 trozo de jengibre fresco de 8 cm (3 in), sin pelar, troceado bastamente
Parte blanca de 1 puerro o de 4 cebolletas, en rodajas
1 cabeza de ajos, partida por la mitad a lo ancho
4 estrellas de anís
6 cucharadas de granos de pimienta de Sichuan
2 cucharadas de semillas de cilantro
1 ramita de canela
1 vaina de cardamomo negro
1 cucharada de vainas de cardamomo verde
4 hojas de laurel
2 clavos de olor
1 cucharada de semillas de hinojo
100 g (1 ¼ tazas) de copos de chile de Sichuan chafados
4 cucharadas de semillas de sésamo, tostadas (véase la p. 13)
1 cucharada de sal marina fina
1 cucharada salsa de soja clara

**Siempre tengo este aceite en la despensa. Preparo un litro y lo conservo en tarros herméticos. Lo regalo por Navidad o como obsequio en eventos. Mi madre soborna a sus amigas para que le cuiden el gato con la promesa de un tarro de este aceite. Es una de esas cosas que son *mejores* cuando son caseras, y cuando lo hayas probado, ya no te conformarás con los aceites picantes comerciales mediocres. La receta es además muy versátil: puedes doblar las cantidades o dividirlas por la mitad, según desees.**

**No uses copos de guindilla italianos para esta receta (los de color rojo oscuro, forma circular y con semillas); tienen que ser copos picados de chile asiático, molidos finos y de color y sabor distintivos. Los coreanos (gochugaru) también funcionan bien.**

Calienta el aceite en un cazo grande de base gruesa a 85-90 °C (185-195 °F) y añade el jengibre, el puerro o las cebolletas y el ajo. Apenas deben sofreírse. Si se fríen demasiado rápido, baja el fuego; no deben dorarse ni quemarse. Una vez ajustada la temperatura, añade el anís estrellado y 3 cucharadas de los granos de pimienta de Sichuan, junto con las semillas de cilantro, la canela, el cardamomo negro y verde, el laurel, los clavos y las semillas de hinojo. Baja el fuego al mínimo y deja que el aceite haga infusión durante al menos 1 o, preferiblemente, 2 horas. Vigila el aceite, removiendo de vez en cuando y cerciorándote de que los condimentos no se tuesten demasiado.

Cuando haya hecho infusión el aceite, el ajo y el jengibre tendrán un aspecto algo oscurecido, pero no tostado, y algo arrugado. Deja que el aceite se temple un poco antes de colarlo.

Muele las 3 cucharadas restantes de granos de pimienta de Sichuan en el mortero o el molinillo de especias. Mézclalas en un bol con los copos de chile de Sichuan, luego añádelo al tarro esterilizado (véase la p. 9) donde vas a conservar el aceite, junto con las semillas de sésamo tostadas.

Con cuidado, vierte el aceite aún caliente sobre las especias. Los copos de chile crepitarán y el aceite se teñirá de rojo oscuro. Una vez se enfríe del todo, añade la sal y la salsa de soja. Cierra bien el tarro y consérvalo en el frigorífico.

# Salsa XO de pobre

**SALE** 1 L (1 CUARTO DE GALÓN) · **PREPARACIÓN** 15 MIN + REMOJO · **COCCIÓN** 25 MIN
**CONSERVACIÓN** HASTA 3 MESES EN EL FRIGORÍFICO

100 g (1 ¼ tazas) de gambas secas
100 ml (½ taza) de vino de arroz de Shaoxing
50 g (2 tazas) de setas secas variadas, incluidas shiitake y hongo calabaza
450 ml (2 tazas escasas) de aceite de sabor neutro (como el de cacahuete o colza)
80 g (3 oz) de jamón curado, en lonchas o desmenuzado en trocitos
4 chiles rojos grandes, sin semillas y troceados
1 trozo de jengibre fresco de 8 cm (3 in), pelado y rallado
4 dientes de ajo, rallados
50 ml (¼ de taza) de salsa de ostra de calidad
1 cucharada de salsa de soja clara
1 cucharada de salsa de pescado
2 cucharadas de azúcar moreno claro
Una pizca de pimienta blanca recién molida
4 cucharadas de Toque final crujiente (véase la p. 179), o cebollas escalonias crujientes compradas, chafadas en el mortero
3 cucharadas de copos de chile de Sichuan chafados

**Esta salsa umami originaria de Hong Kong suele prepararse con ingredientes caros como vieiras secas y jamón curado chino. Yo los he sustituido por artículos menos costosos que siguen aportando la riqueza de los compuestos umami glutamato e inosinato. Esta receta implica más trabajo de limpieza que las de otras salsas, pero vale mucho la pena.**

Sumerge las gambas secas en agua hirviendo, añade 2 cucharadas del vino de arroz y deja en remojo 45 minutos. En otro bol, cubre las setas secas con agua hirviendo y deja en remojo 45 minutos. Una vez rehidratadas, saca las gambas del líquido, trocéalas con un cuchillo afilado y reserva. Haz lo mismo con las setas. Reserva el líquido de remojo de ambos.

Calienta suficiente aceite para llenar un cazo de base gruesa o una sartén grande y honda hasta una profundidad de 2 cm (1 in), a unos 100-120 °C (210-250 °F). Si no dispones de un termómetro de cocina, introduce el extremo de un palillo de madera en el aceite. Debe provocar la formación de pequeñas burbujas. Añade las setas al aceite y fríelas 5 minutos, luego agrega las gambas para que se frían 10 minutos. Añade el jamón y fríelo 2 minutos. Con una espumadera, retíralo todo de la sartén y reserva.

Deja la sartén con el aceite en el fuego y añade los chiles; fríelos 2 minutos, luego añade el jengibre y fríelo 2 minutos más. Para terminar, añade el ajo y fríelo hasta que suelte su aroma sin dorarse. Retira todos los ingredientes y añádelos a la mezcla de gambas con setas. Reserva y retira la sartén del fuego.

En un cazo pequeño limpio, mezcla el líquido de remojo de las setas y las gambas con el resto de vino de arroz y la salsa de ostra, la salsa de soja, la salsa de pescado, el azúcar y la pimienta blanca. Llévalo todo a un suave hervor y cuece hasta que reduzca a la mitad. Añade la mezcla de gambas, setas y condimentos a la salsa reducida, luego pásalo todo a la sartén con el aceite y caliéntalo suavemente hasta que desprenda su aroma. Retira del fuego y añade el toque final crujiente y los copos de chile.

Decanta la salsa en tarros esterilizados (véase la p. 9). Deja templar antes de cerrarlos herméticamente y consérvalos en el frigorífico.

# Salsa picante Chiu Chow

**VG · SALEN** UNOS 650 ML (2 ¾ TAZAS) · **PREPARACIÓN** 10 MIN · **COCCIÓN** 30 MIN
**CONSERVACIÓN** HASTA 2 MESES EN EL FRIGORÍFICO

350 ml (1 ½ tazas) de aceite de sabor neutro (como el de cacahuete o de colza)
24 dientes de ajo, picados o rallados
2 cucharadas de Toque final crujiente (véase la p. 179)
12 chiles rojos largos, sin semillas y picados
2 pimientos picantes scotch bonnet rojos o 4 pimientos ojo de pájaro rojos, sin semillas y picados
1 cucharada de sal marina fina
1 cucharadita de azúcar moreno claro
2 cucharadas de salsa de soja clara
6 cucharadas de copos de chile de Sichuan chafados
1 cucharadita pimienta de Sichuan recién molida

**Originaria de Chaozhou, una ciudad del este de la provincia china de Guangdong, la salsa picante Chiu Chow (o Chaozhou) puede parecer un aceite picante más, pero se trata de una salsa de otro nivel. Con mucho ajo y pimiento picante, no llega a ser tan fuerte como el Aceite de pimienta de Sichuan, cosa que la hace más versátil en su uso, a mi modo de ver. Mi versión es fácil de preparar; una vez elaborada, se riegan con ella unos huevos fritos o un plato de arroz, o bien se aliñan generosamente unas verduras. Añade esta salsa picante a tu bocadillo de queso, si te apetece. Los ingredientes sólidos que se acumulan en el fondo del recipiente son ideales para especiar en un instante un plato de noodles.**

Calienta 150 ml (⅔ de taza) de aceite en una sartén grande y honda a unos 100-120 °C (210-250 °F). Si no dispones de un termómetro de cocina, introduce el extremo de un palillo de madera en el aceite. Debe provocar la formación de pequeñas burbujas. Ajusta y baja la temperatura según sea necesario. Primero, añade todo el ajo a la sartén y sofríelo suavemente hasta que adquiera un ligero tono dorado; no debe dorarse mucho ni quemarse o quedar crujiente. Tardará unos 20 minutos si la temperatura es la adecuada, y la cocina olerá de maravilla.

Mientras tanto, pica las 2 cucharadas de Toque final crujiente en el mortero y reserva.

Añade los chiles frescos y fríelos con cuidado durante 10 minutos, vigilando para que nada se queme. Agrega el resto del aceite a la sartén y caliéntalo un poco, luego añade la sal, el azúcar, la salsa de soja, los copos de chile, la pimienta molida y el Toque final crujiente molido. Retira del fuego y deja templar.

Es una salsa perfecta para mojar alimentos fritos o servirla con tus noodles favoritos. Decanta la salsa en un tarro esterilizado (véase la p. 9), ciérralo herméticamente y consérvalo en el frigorífico.

# Grasa de pollo al ajo

**SALEN** 6-8 RACIONES · **PREPARACIÓN** 5 MIN · **COCCIÓN** 30 MIN
**CONSERVACIÓN** HASTA 3 MESES EN EL FRIGORÍFICO

5 cucharadas de grasa de pollo (obtenida de un pollo entero)
50 ml (¼ de taza) de aceite de colza
6 dientes de ajo, pelados
2 cebolletas, en rodajas

Un pollo entero normal presentará una porción de grasa colgando de la piel en la abertura donde estaría el cuello. Suele estar metida hacia el interior. Con cuidado, tira de esta piel y corta la porción de grasa con un cuchillo afilado. Es probable que observes otras acumulaciones de grasa cerca de esta zona: córtalas también y reserva. Las aves de calidad, como los pollos alimentados con maíz o de cría ecológica, tienden a acumular más cantidad de esta sabrosa grasa.

Añade la grasa del pollo a un cazo frío y caliéntalo poco a poco hasta una temperatura media. La grasa se fundirá y se convertirá en aceite. Si quedan unos grumos oscuros sin derretir, retíralos.

Incorpora el aceite de colza. Chafa los dientes de ajo con la hoja de un cuchillo ancho y añádelos al aceite, junto con la cebolleta. Mantén el aceite a fuego medio durante 30 minutos. Los dientes de ajo y la cebolleta burbujearán ligeramente, pero no deberían tostarse. Si empiezan a dorarse, baja el fuego. Retira el ajo y la cebolleta con una espumadera, retira el cazo del fuego y deja templar.

Una vez enfriada la grasa, decántala en un tarro hermético (esterilizado como se indica en la p. 9), cierra con la tapa y conserva en el frigorífico.

# Aceite al ajo con especias shichimi

**VG** · **SALEN** 6 RACIONES · **PREPARACIÓN** 5 MIN · **COCCIÓN** 30 MIN
**CONSERVACIÓN** HASTA 3 MESES EN EL FRIGORÍFICO

50 ml (¼ de taza) de aceite de colza
6 dientes de ajo, rallados
2 cebolletas, en rodajas
50 ml (¼ de taza) de aceite de sésamo
1 cucharada de mezcla de especias shichimi

Añade el aceite de colza en un cazo y caliéntalo a fuego medio. Agrega el ajo y la cebolleta y mantén el aceite a fuego medio durante 30 minutos. Los dientes de ajo y la cebolleta burbujearán ligeramente, pero no deberían tostarse. Si empiezan a dorarse, baja el fuego. Retira la sartén del fuego y pásalo por un colador de malla fina antes de añadir el aceite de sésamo y la mezcla de especias shichimi.

Una vez enfriado el aceite, decántalo en un tarro hermético (esterilizado como se indica en la p. 9), cierra con la tapa y conserva en el frigorífico.

# Zanahoria y daikon encurtidos

**VG · SALEN** 6-8 RACIONES · **PREPARACIÓN** 10 MIN + REPOSO
**CONSERVACIÓN** HASTA 3 DÍAS EN EL FRIGORÍFICO

100 ml (½ taza) de vinagre de arroz negro Chinkiang
3 cucharadas de azúcar moreno claro
1 cucharada de sal
1 zanahoria mediana, pelada y en juliana
1 trozo de rábano daikon de 5 cm (2 in), pelado y en juliana
1 cucharadita de granos de pimienta rosa

Pon el vinagre de arroz negro, el azúcar y la sal en una jarrita con 100 ml (½ taza) de agua caliente y remueve hasta que se disuelvan el azúcar y la sal. Decanta en un tarro esterilizado (véase la p. 9) con el resto de ingredientes, luego cierra el tarro y deja reposar 15 minutos antes de añadirlo a tu plato. Consérvalo en el frigorífico y consúmelo en 3 días.

# Encurtido de hinojo y pera asiática

**VG · SALEN** 6-8 RACIONES · **PREPARACIÓN** 10 MIN + REPOSO
**CONSERVACIÓN** HASTA 3 DÍAS EN EL FRIGORÍFICO

100 ml (½ taza) de vinagre de arroz negro Chinkiang
3 cucharadas de azúcar moreno claro
1 cucharada de sal
1 bulbo de hinojo, limpio y en láminas finas
1 pera asiática (nashi), sin semillas y cortada en bastoncitos
1 cucharadita de semillas de mostaza

Pon el vinagre de arroz negro, el azúcar y la sal en una jarrita con 100 ml (½ taza) de agua caliente y remueve hasta que se disuelvan el azúcar y la sal. Decanta en un tarro esterilizado (véase la p. 9) con el resto de ingredientes, luego cierra el tarro y deja reposar 15 minutos antes de añadirlo a tu plato. Consérvalo en el frigorífico y consúmelo en 3 días.

# Encurtido de pepino

**VG** · **SALEN** 1 TARRO DE 600 ML (2 ½ TAZAS) · **PREPARACIÓN** 10 MIN + SALADO + REFRIGERACIÓN
**CONSERVACIÓN** HASTA 1 MES EN EL FRIGORÍFICO

2 pepinos, sin semillas y cortados en bastoncitos
2 cucharaditas de azúcar moreno claro
2 cucharaditas de sal marina fina

**Para la conserva**
50 ml (¼ de taza) de salsa de soja clara
50 ml (¼ de taza) de vinagre de arroz negro Chinkiang
2 cucharadas de azúcar moreno claro
1 cucharada de sal marina fina
3 dientes de ajo, pelados
5 chiles secos
1 cucharadita de granos de pimienta negra
1 hoja de laurel

Pon los bastoncitos de pepino en un colador grande y revuélvelos con el azúcar y la sal. Deja reposar, sobre el fregadero o un bol, durante 15 minutos. Desecha el líquido que suelta el pepino, luego aclara los bastoncitos con agua fría para retirar la mayor parte de sal y azúcar, y sécalos con cuidado.

A continuación, prepara la mezcla para la conserva. Combina la salsa de soja, el vinagre de arroz negro, el azúcar y la sal, luego añade 100 ml (½ taza) de agua y revuelve hasta que se disuelvan el azúcar y la sal. Agrega el ajo, los chiles, la pimienta y el laurel.

Introduce los bastoncitos de pepino en un tarro esterilizado (como se indica en la p. 9 y dejar enfriar) y vierte en el tarro la mezcla para la conserva. Cierra con la tapa y déjalo en el frigorífico toda la noche antes de consumir.

# Gelatina de caldo

**SALEN** 1,2 L (1 ¼ CUARTOS DE GALÓN) · **PREPARACIÓN** 30 MIN · **COCCIÓN** 2 HORAS
**CONSERVACIÓN** HASTA 3 MESES EN EL FRIGORÍFICO

700 g (1 lb 9 oz) de alitas o muslitos de pollo
2 setas shiitake secas
75 g (3 oz) de jamón serrano o de Parma
25 g (1 oz) de jengibre fresco, pelado y en láminas
3 cebolletas, solo las partes blancas, troceadas
1 cucharada de vino de arroz de Shaoxing
2 cucharadas de salsa de soja clara
1 cucharadita de gelatina en polvo

**Se tardan un par de horas en elaborar esta receta de cero, pero te la recomiendo encarecidamente. Puedes prepararla con antelación y congelarla, de modo que puedas usar el caldo cuando lo precises (se puede incorporar en múltiples recetas). También se puede preparar la víspera en una olla de cocción lenta.**

Corta el pollo en trozos de 2,5-5 cm (1-2 in) con una hachuela para dejar al descubierto el tuétano. Añádelos a una olla junto con los demás ingredientes para el caldo excepto la gelatina, y llena la olla con 1,2 litros (1 ¼ cuartos de galón) de agua.

Lleva a ebullición y cuece 2 horas a fuego bajo. (Otra opción es, cuando hierva, transferir el caldo a una olla de cocción lenta y que cueza al mínimo toda la noche.) Retira la suciedad que se acumula en la superficie los primeros 30 minutos. Cuando el caldo esté listo, pásalo por un colador de malla fina forrado con una tela de muselina. Disuelve la gelatina en 2 cucharadas de agua. Añádela al caldo, luego vierte el caldo en una bandeja de hornear honda y métela en el congelador para que cuaje (o en el frigorífico si no cabe en el congelador).

# Huevos fritos con cebolleta

**V** · **RACIONES** 2 · **PREPARACIÓN** 5 MIN · **COCCIÓN** 10 MIN

Aceite de sabor neutro, para freír
4 cebolletas, en juliana
1 cucharadita vino de arroz de Shaoxing
2 cucharadas de salsa de soja clara
2 cucharaditas de azúcar moreno claro
2 huevos

**Para servir**
1 cucharada de semillas de sésamo, tostadas (véase la p. 13)
1 cucharadita de mezcla de especias shichimi (opcional)

Calienta 1 cucharadita de aceite en el wok o sartén a fuego medio y sofríe la cebolleta 1 minuto. Añade el vino de arroz, la salsa de soja y el azúcar, y cuece 2-3 minutos hasta que la cebolleta se ablande y la salsa haya caramelizado un poco, luego reserva la cebolleta en la salsa.

Limpia con papel de cocina el wok o la sartén, pon 2 cucharadas de aceite y calienta a fuego alto. Cuando el aceite humee, rompe un huevo y añádelo. Déjalo freír hasta que los márgenes queden crujientes y dorados, y la clara cuaje pero la yema no. Retira del wok y cocina el segundo huevo.

Sirve los huevos sobre la salsa de cebolleta y échales semillas de sésamo y especias shichimi (si las usas) por encima.

# Cerdo asado char siu

**RACIONES** 10 · **PREPARACIÓN** 10 MIN + MARINADO · **COCCIÓN** 1 HORA

1,5 kg (3 lb 5 oz) de paleta o pierna de cerdo deshuesada

**Para la marinada**
2 cucharadas de miel líquida
2 cucharadas de salsa hoisin
1 cucharada de salsa de soja amarilla
1 cucharada salsa de soja clara
1 cucharadita de salsa de soja oscura
1 cucharada de vino de arroz de Shaoxing
2 cucharaditas de aceite de sésamo
2 cucharaditas de sal
50 g (¼ de taza) de azúcar moreno claro
1 cucharadita de polvo de cinco especias chinas
1 diente de ajo, rallado
1 trozo de jengibre fresco de 2,5 cm (1 in), pelado y rallado

**Este plato a base de carne de cerdo es un asado cantonés típico con un acabado de color rojo que habrás visto en los escaparates del barrio chino de alguna gran ciudad, junto al pato asado. Resulta muy versátil: se puede usar para recetas de arroz frito, dim sum o con noodles. Las sobras de char siu se pueden congelar para añadirlas a tus platos favoritos directamente sacadas del congelador. Ideales para Bao char siu (p. 32) o Noodles de arroz Singapur mei fun (p. 101).**

Pon todos los ingredientes de la marinada en un cuenco o una bolsa de plástico de cierre fácil grande, añade 2 cucharadas de agua caliente y mezcla bien, cerciorándote de que se disuelvan por completo el azúcar y la miel.

Corta la carne de cerdo en tres grandes trozos. Añádelos a la marinada y mételo todo en el frigorífico toda la noche o durante al menos 3 horas.

Cuando te dispongas a cocinar la carne, precalienta el horno a potencia máxima. En mi caso, son unos 230 °C (450 °F/Gas 8).

Pon la carne de cerdo y la marinada en una fuente de hornear y ásala en el horno 20 minutos o hasta que la marinada oscurezca y se vuelva pegajosa. Gira la carne y riégala con la marinada. Prosigue la cocción durante otros 30-40 minutos hasta que toda la carne quede embadurnada con una capa pegajosa de marinada. Retira del horno y deja templar.

# Índice alfabético

# Agradecimientos

Quisiera dar las gracias al equipo que ha hecho realidad este proyecto. Ha sido asombroso, y surrealista, ver cómo las páginas de mis libretas se convertían en un libro de cocina de verdad. Un libro de cocina como los que compro y pongo en los estantes de casa. Un libro de cocina de verdad que puedo coger con mis manos y compartir. Es algo con lo que había soñado, pero nunca pensé que llegara a ocurrir.

De todo corazón, gracias:

A Louie, por tu toque chic tan natural y envidiable. Eres la persona más guay que conozco. A India y Magnus, por dar vida a mis platos, por enseñarme el color de la luz y por hacernos reír. A Libby, por ser mi compinche, por comprender lo que pienso antes que yo misma y por acompañarme a los supermercados. A Emily, que diseñó este libro, por tomar lo que había en mi cabeza y convertirlo en algo más bonito de lo que hubiera imaginado nunca. A Stacey, mi editora, por darme una oportunidad, por tus grandes ideas y por tu infinita paciencia. A todo el equipo de la editorial, por su apoyo.

A Han Valentine, mi compadre de Mánchester, por tu buen ojo y brillantez creativa, que han sacado este libro a la luz con tanto color: me siento feliz de haberlo hecho juntos.

A Holly, mi manager, por creer en mí, apoyarme siempre y dirigirme en el buen camino.

A mi Bambeen, por tus buenos consejos, sólidos y firmes. Por ser mi punto de apoyo y mantenerme centrada.

A mi Sloth—sin ti este libro no existiría—, por creer en mí y alentarme cuando pensaba que a nadie le interesaba lo que hacía en mi cocina.

A papá, por apoyarme incondicionalmente. Y por hacerme comer verduras.

A mamá, por animarme. Por protegerme. Por ser mi fan número uno. Y por insistir en pagar por mi aceite picante.